史蒂夫·乔布斯

东山再起

Steve Jobs

（1955－2011）

雪松◎编著

他不再是过去那个对未知和未来充满狂热，无视规则与秩序，

横冲直撞、赤膊上阵的海盗，

但他带领的却是一支集合了一群海盗的舰队。

从此，东山再起！

中国城市出版社

·北京·

图书在版编目（CIP）数据

史蒂夫·乔布斯：东山再起 / 雪松编著. —北京
：中国城市出版社，2012.1
ISBN 978-7-5074-2543-7

Ⅰ. ① 史… Ⅱ. ① 雪… Ⅲ. ① 乔布斯，
S.（1955～2011）- 人物研究 Ⅳ. ① K837. 125. 38

中国版本图书馆 CIP 数据核字(2012)第 004861 号

责 任 编 辑　张惠平
封 面 设 计　嘉惠士林
责任技术编辑　张建军
出 版 发 行　中国城市出版社
地　　　址　北京市西城区广安门南街甲 30 号（邮编　100053）
网　　　址　www.citypress.cn
发行部电话　（010）63454857　63289949
发行部传真　（010）63421417　63400635
总编室电话　（010）68171928
总编室信箱　citypress@sina.com
经　　　销　新华书店
印　　　刷　北京金秋豪印刷有限责任公司
字　　　数　119 千字　印张 13
开　　　本　710 × 1000（毫米）1/16
版　　　次　2012 年 2 月第 1 版
印　　　次　2012 年 2 月第 1 次印刷
定　　　价　22.80 元

导　读

史蒂夫·乔布斯无疑是成功的，更无需我们以换个标题就可以对应所有成功人士的方式去鼓吹他和神化他，正如史蒂夫·乔布斯的传记作家所言：他不是人类的楷模，他在他的世界里是个孤独的存在。

我们不否认他的成功，更不能忽略他的失败。在他成功—失败—成功过山车般的人生轨迹里，因失败而淡出人们视线的十一年里，他改变了什么，坚定了什么？又是什么让他能够东山再起重铸辉煌？

他的世界，我们也许永远无法进入，他的成功，我们也许永远无法仿效。但我们至少可以从他的轨迹中去认真感悟，从他的失败当中客观分析，在他的成功里冷静学习真正有益于我们的经验，挖掘出我们所缺乏和需要的东西，而绝非所谓成功学里口号式的、招牌式的条条杠杠和套路。因为史蒂夫·乔布斯的成败颠覆了太多学院派的经典和教条。

目　录

第一篇　于失败中学习改变

屡败屡战、绝不在同一个地方跌倒两次、善于从错误中学习的能力也是史蒂夫·乔布斯成功的重要原因。史蒂夫·乔布斯曾经这样说："犯错误不等于错误。从来没有哪个成功的人没有失败过或者没有犯过错误，相反，成功的人都是犯了错误之后，做出改正，然后下次就不会再错了。"

第二篇　在挫折中秉持自信

史蒂夫·乔布斯重返苹果后，为了防止自己再度被赶出公司，他将控制权牢牢掌握在自己手上。之前，他将控制权交到了史考利手中，结果，却被史考利逐出公司。从某种程度上而言，史蒂夫·乔布斯这种独断专行的统御能力取得了很好的效果。它保证了苹果公司能将领导者的想法贯彻始终，设计出富有创意的产品。史蒂夫·乔布斯对硬件和软件的严格控制，则确保了产品质量的无可挑剔。他说一不二的强硬作风，让人们心甘情愿地向他臣服，他的独裁成为理所当然。

第三篇　让一切尽在掌握中

史蒂夫·乔布斯重返苹果公司一段时间后，他的专制统治也达到了顶峰。史蒂夫·乔布斯的权威渗透到了公司的方方面面，从禁止吸烟到电视广告策划，几乎所有的事情都在史蒂夫·乔布斯的掌控之中。当时，苹果公司处于岌岌可危的境地，急需一个强有力的领导人来迅速扭转局面，史蒂夫·乔布斯不喜欢解释，也没有时间解释自己做出的每一个决定。在这种情况下，粗暴的专制或许是最有效的领导方式。

第四篇　颠覆学院式教条与经典

不要被教条所束缚，那就意味着被动地接受别人的思想成果。不要让他人观点的声音压过你自己内心的声音。最重要的是，必须有足够的勇气，按照自己的想法和直觉行事。

当基督教变成了教条，而忽略了以耶稣的方式生活或者从耶稣的角度去观察这个世界时，就已经失去它的精髓了。

(1955—2011)

第一篇

于失败中学习改变

屡败屡战、绝不在同一个地方跌倒两次、善于从错误中学习的能力也是史蒂夫·乔布斯成功的重要原因。史蒂夫·乔布斯曾经这样说："犯错误不等于错误。从来没有哪个成功的人没有失败过或者没有犯过错误，相反，成功的人都是犯了错误之后，做出改正，然后下次就不会再错了。"

从对抗到合作

Steve Jobs

1997 年，当史蒂夫·乔布斯结束放逐生涯，回到苹果的时候，他的公司与微软之间长期的不和似乎已经烟消云散。甚至和盖茨站在一起，宣布苹果和微软结束两者之间的司法对立，不再指控这家软件巨头侵犯自己的专利，模仿苹果的桌面外观和功能，而达成战略同盟：苹果同意在自己的麦金塔产品当中安装微软的 Office 和 IE，而微软向苹果进行了 1.5 亿美元的投资，双方签订了为期 5 年的，广泛的专利授权协议，以确保他们各自版本的 Java 程序语言能够兼容。

这样的论调当时确实无法让开发员们感到信服。当时，人群中爆发出了强烈的嘘声。而史蒂夫·乔布斯接下来又宣布：微软同意，在他们旗舰产品的 Office 的更新中，做到苹果版产品与 Windows 版的同步，为期也是五年。而他则接受了微软强迫苹果做出的重大让步，即让 IE 成为麦金塔平台的默认浏览器。

这让台下爆发出更强烈的嘘声，几位听众索性大喊起来：

“不！不！不！”

“我们认为IE是一个不错的浏览器，作为一个默认浏览器，它会有不错的表现。”史蒂夫·乔布斯这样补充着，可台下还是一片死寂。而此时，史蒂夫·乔布斯发表了他传道士般的定调讲话：

“我们必须抛弃过去的成见，不能再认为苹果的成功必须以微软的失败为代价。”

这样做，不仅仅是微软的软件应用程序多了一个市场，同时也为Mac系统的支持者增加了一条坚持使用苹果平台的理由。

而当时的苹果的首席执行官也对听众进行了安抚，解释说用户完全有自由选择其他的浏览器。那时，史蒂夫·乔布斯已确定苹果必需要有一个自己的，有足够竞争力的浏览器，但前提是，苹果需要有足够的时间，存活到把它开发出来。

事实上，史蒂夫·乔布斯作出苹果与微软达成战略协议，并不是心甘情愿，而是一种理性的妥协，因为在回到公司的最初几年，史蒂夫·乔布斯确实是需要微软的。不仅仅是因为当时的苹果正面临着破产的威胁——当时的账目显示，用不了一个季度，苹果就将破产了。而且在过去的十多年里，客观现实让史蒂夫·乔布斯最终认识到，微软Windows操作系统加英特尔（INTC）处理器的所谓Wintel阵营是非常庞大的，苹果没有道理在自己的产品和Wintel之间挖下鸿沟。作为苹果的临时首席执行官，史蒂夫·乔布斯需要时间重新梳理公司的策略，以确立优先发展的计划。

当然，在这场交易中，史蒂夫·乔布斯选择的时机也非常完美：他清楚地知道，盖茨和微软当时正因为涉嫌垄断而遭到美国司法部的起诉，而微软的最畅销软件 Windows 95 很可能会被政府反垄断律师确认为剽窃了苹果的设计。所以，微软也需要一场公关上的胜利——与苹果和解，以达到釜底抽薪的目的。

事实证明，正是史蒂夫·乔布斯东山再起之时与微软达成的妥协，既为自己赢得了喘息的时间，使苹果有足够的时间取得巨大的成就，达成一个又一个奇迹，也为微软解决司法困扰提供了支援。这无疑是一次双赢的结果。

从压抑到刻意的改变

Steve Jobs

在完全自主的 NeXT，史蒂夫·乔布斯刻意尝试打造一种与苹果不同的企业文化。对苹果曾经出现过的部门倾轧、产品线混乱、资源分散、人浮于事等种种弊端，史蒂夫·乔布斯早就不耐烦了。现在，既然 NeXT 由他史蒂夫·乔布斯一人说了算，那就来个彻底的制度重建，让那些弊端无从滋生。

自以为已经谙熟管理技巧，有足够资本进行管理创新的史蒂夫·乔布斯开始在环境、后勤、薪酬、福利等各个方面，做着理想国式的实验。NeXT 差不多成了他自己练习和证明管理能力的实验品。

例如，从根本制度上，史蒂夫·乔布斯就想彻底改变传统公司的模式，建立一种类似社团或协会的架构。员工的身份更像是社团会员，而不是企业雇员。为了实现社团式的管理，史蒂夫·乔布斯在薪酬体系上尝试着使用简单的二级工资制度。员工的起薪只有两档，凡是 1986 年前加入的元老，起薪就是 7.5 万美元一年，其他人的起薪则统一为 5 万美元一年。所有员工每 6 个月考评一次，根据个人业绩决定是否加薪。同时，为了保证最大限度的透明化，员工可以看到其他所有人的工资单。明眼人都知道，这种乌托邦式的薪酬制度并不靠谱，如果许多经理拿的薪水比自己的员工还低，那还怎么保证工作积极性呀？没几年，史蒂夫·乔布斯就自行放弃了这一套所谓的制度实验。

至于内部管理，史蒂夫·乔布斯还是延续了自己在苹果时苛求细节、完美，风格简单、粗暴的做法。他会像以前一样，突然出现在忙碌的员工面前，然后用刻薄的话挑出对方工作里的毛病，给人当头一棒。他也会像以前一样朝令夕改，让人无所适从。

在 NeXT，史蒂夫·乔布斯对细节和完美的追求近乎疯狂。

他在决定 NeXT 机箱外该使用何种黑色颜料时，不厌其烦地比对几十种不同的黑色颜料样本，又几乎对每一种都不满意。这把负责机箱制造的员工折腾得苦不堪言。

与其说史蒂夫·乔布斯是在精心打造与众不同的管理文化，还不如说，在管理上远未成熟的史蒂夫·乔布斯正在 NeXT 的平台上实验和摸索。对于史蒂夫·乔布斯这样心高气傲却又缺乏经验的管理者，也许，只有更多的失败才能让他更快地清醒和成熟起来。

然而，理想和现实总是有落差，越是急于证明自己，想在短时间内重回巅峰，就越容易跌得头破血流。

设计制造完整的电脑产品，尽量控制软件、硬件等全部环节，并尽量保持独立、封闭的产业链，这是史蒂夫·乔布斯从打造 AppleII 和麦金塔起就一直坚持的一个基本思路。在 IBMPC 用开放的思路打造 PC 兼容机的生态系统，并由此而垄断市场的年代，史蒂夫·乔布斯的思路与产业的流行风向格格不入。NeXT 这样的小角色，也的确没办法在这种事情上和 IBM 叫板。

尽管新一代 NeXT 电脑 NeXTcube 独特造型和电脑外观设计显露出了史蒂夫·乔布斯回归苹果后在工业设计上那种舍我其谁的霸气，但现实是，它如何也无法重现苹果当年的辉煌。束手无策的史蒂夫·乔布斯在屡屡撞墙后不得不接受他曾经拒绝相信的严酷现实：NeXT 的硬件产品根本没有竞争力，而以 NeXTSTEP 操作系统为代表的软件产品倒还有不少买主。如果再坚持既做硬件又做软件的理想，不出几个月，有可能赢利的软件部门也会被活活拖死。

所以，史蒂夫·乔布斯决定，放弃硬件业务，专注于软件的研发和销售，NeXT 电脑公司也正式改名为 NeXT 软件公司。

关闭 NeXT 硬件部门时的那种痛苦，几乎不亚于史蒂夫·乔布斯被苹果抛弃时的感受。这个打击太大了，创业受到挫折还在其次，史蒂夫·乔布斯一直坚持的理想遭到当头一棒才是他最痛心的。史蒂夫·乔布斯希望打造面向未来的电脑，希望将最好的硬件、软件集成起来改变世界的想法一直都没有变过。

他可以跟自己较劲，却又不得不面对强敌环伺的现实，但是这个时候的他还不知道“把无法战胜的敌人变成朋友”的道理，他还没有真正成熟起来，至少，还没有经历足够的磨难。

从封闭到开放

Steve Jobs

iPad 的成功不仅来自其漂亮的硬件，也来自其应用程序，用户可以借此进行各种有趣的活动。最开始只有数百种应用程序可供免费或低价下载，但很快，应用程序的数量就已成千上万。你可以玩“愤怒的小鸟”，也可以追踪股票信息、看电影、阅读电子书和杂志、获知新闻、玩游戏，消磨大把时光。硬件、软件和应用程序商店的整合让一切都变得很简单。但是，苹果公司也在对那些想要为 iPad 开发软件和内容的外部开发者有控制地开放应用程序商店；这个平台就像一个精心管理和控制的社区花园。

而应用程序热潮却是始于 iPhone，但在 2007 年初 iPhone 刚刚推出时，并没有外部开发人员开发的应用程序。而史蒂夫·乔布斯最初拒绝向外部开发人员开放，是因为他不想让外人为 iPhone 创建应用程序，以防把 iPhone 搞得乱七八糟，让 iPhone 感染病毒，或者破坏其完整性。

董事会成员亚瑟·莱文森和一些人主张开放 iPhone 应用程序，认为如果苹果不允许开发者制作应用程序，而其他智能手机制造商允许，那么这实际上就将竞争优势拱手相让。

苹果公司营销总监菲尔·席勒赞同莱文森的说法：“我无法想象，我们能创造出 iPhone 这样强大的产品，却不愿意授权开发者制作应用程序，我知道消费者会喜欢。”在苹果公司外部，风险投资家约翰·多尔认为，开放应用程序平台能够催生出新型创业者，他们会创造出新的服务。

史蒂夫·乔布斯一开始拒绝就此进行讨论，部分原因是，他认为其团队没有精力解决授权第三方应用程序开发者所涉及的复杂问题。他希望团队能专注，根本不愿意谈论这个问题。但是 iPhone 推出后不久，他又愿意听取大家就这个问题的争论了。“每谈论一次这个话题，史蒂夫就好像更开放了一些。”莱文森表示，在四次董事会会议上，他们都就此问题进行了自由讨论。

史蒂夫·乔布斯很快就想到了一个两全其美的好办法。他将允许外部开发人员编写应用程序，但是他们必须遵循严格的标准，接受苹果公司的测试和批准，并且只能通过 iTunes 商店出售自己的应用。这种方法既能获得授权众多软件开发者所带来的优势，又能保持足够的控制，以保护 iPhone 的完整性和用户体验的简单性。

这样一来，大家都找到了一个好的平衡点，既能带给苹果开放的好处，同时又保留了端到端的绝对控制，的确是个最佳解决方案。

2008 年 7 月，iPhone 应用程序商店开放；9 个月后，下载量就达 10 亿次。

2010 年 4 月 iPad 开始销售时，应用程序商店已经拥有 18.5 万个 iPhone 应用程序。

大多数应用程序也能在 iPad 上使用，虽然它们并未利用更大的屏幕。但是，不到 5 个月的时间，就已经出现了 2.5 万个专门为 iPad 编写的新应用程序。至 2011 年 6 月，苹果应用程序商店中的 iPhone 和 iPad 应用程序已达 42.5 万个，并且下载量超过 140 亿次。

应用程序商店在一夜之间创造了一个新的产业。创业者们在宿舍、车库，以及主流媒体企业开发出了许多新的应用程序。约翰·多尔的风投公司成立了 iFirnd 基金，提供 2 亿美元为最好的创意进行股权融资。杂志和报纸看到了最后的希望，他们此前一直免费发布电子内容，也许能凭借应用程序对电子内容进行收费，就像将精灵收回了魔瓶一样。富于创新的出版商专门为 iPad 创造出新的杂志、书刊和学习材料。例如，曾出版过麦当娜的《性》以及《蜘蛛小姐的茶会》等作品的高端出版社卡拉威决定破釜沉舟，完全放弃印刷业，而专注于利用交互式应用程序进行书籍出版。截至 2011 年 6 月，苹果公司一共向应用程序开发者支付了 25 亿美元。

iPad 和其他基于应用程序的数码产品预示着数码世界的根本性转变。在网络发展的第一阶段，20 世纪 80 年代，上网通常需要拨号进入一个服务商网络，这些服务商会提供一个围墙网络“花园”，里面都是服务商精心挑选组织的内容，同时这些“花园”会有一些出口，更为大胆的用户可以通过这些出口访问整个网络。第二阶段始于 20 世纪 90 年代初，浏览器开始兴起，所有人都能利用万维网超文本传输协议，通过浏览器浏览互联网上的数十亿个网站。雅虎和谷歌等搜索引擎的崛起，使用户可以轻易地找到自己想要的网站。而 iPad 的发布预示着一种新的模式。应用程序就像老式的围墙花园，创作者能够为下载它们的用户提供更多功能。但是应用程序的兴起也意味着牺牲网络的开放性和连接性。应用程序之间不易建立连接，也不易搜索。由于 iPad 可以同时使用应用程序和网络浏览，因此它同网络模式并无竞争。但是，它确实为内容创造者和消费者提供了一种替代方案。

如果说史蒂夫·乔布斯用 iPod 改变了音乐产业。那么 iPad 及其应用程序商店的出现，则开始改变所有媒介，从出版到新闻，再到电视和电影。可是当苹果意欲严格控制某些应用程序可以下载到 iPhone 和 iPad 上时，史蒂夫·乔布斯却承受了非常大的压力。防范含有病毒或侵犯用户隐私的应用程序理所当然；要求涉及订阅的应用程序必须让用户通过 iTunes 商店订阅而不能跳转至其他网站进行订阅也有其商业上的道理。但是史蒂夫·乔布斯及其团队更进一步：他们决定禁止任何诋毁他人的应用程序，不论是具有政治争议性的，还是被苹果审查员视为含有淫秽内容的。自由需要代价，开放自然也有标准。

从一言堂到团队合作

Steve Jobs

在重返苹果公司之后的第一年，史蒂夫·乔布斯通过“非同凡想”广告和 iMac，再一次向世人展现了他的创意和远见，但大家都没有把握他是否能运营好一家公司。在此之前，他在这方面的能力未曾表现出来。

然而，当史蒂夫·乔布斯开始投入到一些以细节为导向的现实工作之后，让曾经和他共事过的人很惊讶：他已经不再是过去那个指手画脚、高谈阔论的高管或远景规划师，而是变成了一个真正的经理人；他从过去的专制变成了专注于解决经营管理中的一些难以解决的问题。他还放下了对产品制造过程的控制欲，把从电路板到成品计算机的制造全部外包了出去。他对供应商的要求极其严苛，因为“怀柔政策”仍然不在他的原则之内。

为了解决产品的库存期过长的问题，史蒂夫·乔布斯亲自负责运营，直到他能找到一个像迈克尔·戴尔能够建立准时制工厂和供应链的人。1998 年，他遇到了蒂姆·库克，一个与史蒂夫·乔布斯志同道合的人。

蒂姆·库克当时是康柏计算机公司的采购和供应链经理，后来不仅成了苹果公司的运营经理，用一年时间将库存周期缩短到惊人的两天——有时仅仅是 15 个小时，把制造苹果计算机的生产周期从 4 个月压缩到两个月，不仅降低了成本，而且还能保证每台新计算机都可以安装最新的组件，成为史蒂夫·乔布斯运营苹果公司不可或缺的幕后搭档。

虽然史蒂夫·乔布斯天性独裁专制，从不寄望于共识，但他却着力在公司内部营造出一种合作的文化。很多公司都在力求减少会议，史蒂夫·乔布斯却独独相反：每周一是高管会议、每周三下午要开营销战略会议，此外还有无数的产品评论会。他不喜欢用 PPT，也不喜欢正式的讲话，他坚持让所有参会者一起讨论问题，利用各方优势，听取不同部门的观点。

因为他坚信，苹果公司的一个巨大优势就是各类资源的整合，从设计、硬件、软件，直到内容。他希望公司的所有部门都能够并行合作。他把这称为“深度合作”和“并行工程”。所以，一个产品的开发过程并不是像流水线一样先从工程到设计，再到营销，最后分销，相反，这些部门是同时进行工作的。

“我们的方针就是开发高度整合的产品，这也意味着我们的生产过程也必须是整合和协作完成的。”史蒂夫·乔布斯说。

这一政策也应用到了重要职位的招聘上。他会安排候选人直接面见公司的主要负责人——库克、泰瓦尼安、席勒、鲁宾斯坦，还有艾弗——而不是只见一下部门经理，然后一起讨论他们能不能入选，以免公司混入“垃圾和笨蛋”。对此，史蒂夫·乔布斯说：

“人们总是说他们和别人合不来，他们不喜欢团队合作。但是我发现，一流选手喜欢和一流选手共事，他们只是不喜欢和三流选手在一起罢了。在皮克斯公司，整个公司的人都是一流选手。当我回到苹果，我决定也这么试一下。首先就需要一个协作式的招聘过程。当我们招聘时，即使那个人是要去营销部门的，我也会让他和设计部的人以及工程师们聊聊。我一直把罗伯特·奥本海默视为榜样。我知道他在建立原子弹项目小组时的招聘要求。我没有他那么优秀，但这是我渴望达到的目标。”

招聘的过程是严苛的，但是史蒂夫·乔布斯能够慧眼识人。当他们想找人设计新的苹果操作系统的图形界面时，史蒂夫·乔布斯收到了一个年轻人的邮件，于是就叫他到公司来。面试进展得并不顺利，年轻人显得太紧张。这天晚些时候，史蒂夫·乔布斯碰见了他，他正沮丧地坐在大厅里。年轻人问史蒂夫·乔布斯可不可以向他展示一个作品。史蒂夫·乔布斯在他身后不以为然地看着，他看到了一段用 Adobe Director 制作的视频：所有图标都在屏幕的下方排成一排，当年轻人把鼠标停在某一个图标上时，鼠标就会像放大镜一样把那个图标膨胀变大——史蒂夫·乔布斯当场就雇了他——这一界面特征成为了苹果操作系统 Mac OS X 中一个非常受人喜爱的部分，这个设计师又接着设计出了多点触控屏幕的惯性翻页功能。

在大多数会议结束的时候，史蒂夫·乔布斯都会宣布下一步要做的决定或是战略，通常用他简单粗暴的方式，他会说：“我有个绝妙的点子”——即便这个主意是刚刚有人提出过的。或者他会说：“这简直烂透了，我一点儿都不想这么做。”偶然遇到尚未准备好处理的事务，他就会暂时放在一边。

员工们能够，甚至是被鼓励去挑战他，有时他还会因此而尊敬你，但也要做好被他骂个狗血淋头的准备。

从随心所欲到运用规则的力量

Steve Jobs

1997年9月16日，史蒂夫·乔布斯宣布他将接手苹果的临时CEO职务，他承诺：不领薪水，也不签合同。但是他的行动却没有丝毫踌躇：他要掌管一切，唯我独尊。

那个星期，他把高层管理人员和员工召集到苹果的礼堂开会，会后给他们提供啤酒和素食野餐，庆祝他的新角色和公司的新广告“非同凡想”。他穿着短裤，光着脚在园区走来走去，满脸胡茬儿。“我回来差不多10个星期了，工作非常辛苦。”他说，看起来疲惫但很坚定，“我们做的不是什么值得骄傲的事情。我们是在努力回到好产品、好营销和好分销这些最基本的东西上来。苹果已经忘了怎么把最基本的东西真正做好。”

随着史蒂夫·乔布斯在苹果的工作越来越深入，就越发意识到自己无法离开。在1997年10月的一次计算机展销会上，迈克尔·戴尔（Michael Dell）被问到如果他是史蒂夫·乔布斯并接管了苹果，会怎么做，戴尔回答说：“我会关闭公司，把钱还给股东。”史蒂夫·乔布斯怒气冲冲地给戴尔发了封邮件：“CEO

应该是有些档次的，我能看得出，你不那么想。”史蒂夫·乔布斯喜欢通过树敌来鼓舞他的团队——他对IBM和微软都这样做过——对戴尔也是如此。他召集管理层启动一个为制造和销售设计的按订单生产系统时，把迈克尔·戴尔的照片放大放在屏幕上，还在他脸上画了个靶子。“我们来找你麻烦了，老兄。”他说道，他的队伍一阵欢呼。

到了本年12月，很明显史蒂夫·乔布斯的临时CEO地位已经从过渡性转变成为无限期的，而苹果董事会则悄悄搁置了CEO的遴选。

苹果公司重归史蒂夫·乔布斯掌控之后，赶走了所有敢跟他对着干的人，马上使苹果公司显得“白色恐怖”：或者让留下来的人时刻处在被“炒鱿鱼”的提心吊胆之中；或者突然被叫到他跟前，让你展示一下新产品，让你的新产品研发计划泡汤；或者在你被问到某个什么问题，而你给出的答案并不符合他的心意，他会对你大加贬低，让你好几个星期都心情郁闷、信心全无；而且一下子砍掉了70%的研发项目和产品……

如果从以前的视角看一下，史蒂夫·乔布斯还是那样自命不凡地相信自己的能力，还是那样霸道和挑剔，还是会带领他的员工挑战他们自己。当然，也可以看到他很多好的思想理念完整地保存了下来：他还会以产品雅致的外形、与众不同的风格吸引用户的眼球，还将会有所创新，但创新的步幅不会太大。

然而，现在的史蒂夫·乔布斯却和以前不一样了，他已经历了三家完全不同的公司，经历了许多失败和挫折。东山再起的他开始懂得运用规则的力量而非过去那样随心所欲无所顾忌，他重塑了平等主义的氛围，他规定：公务人员出差不准再乘坐飞机的公务舱，工作期间不允许有固定的休息时间，对管理人员也不再签订特殊的违约赔偿合同，让公司里的每个人都是坐在同一条船上的；他制定了一些新的政策，比如严禁在公司外面谈论生意上的事情等。他虽然不再把所有的事情全都抓在手里，但还是偏爱小团队的运作方式。在团队管理上，史蒂夫·乔布斯的关键词是简化、直接，所以他要求苹果公司的组织架构变得更加简化、有效而且直接：一个人负责工程部，一个人负责软件开发，一个人领导设计团队，一个人负责公司运营，一个人负责全球销售。史蒂夫·乔布斯的管理理念是，公司从上到下应当是一条清晰的链式结构：公司的每个人都知道他们应该向谁汇报以及他们的具体职责，以解决苹果公司各部门各自为政、互相敌视、缺乏交流的状况。

他对产品研发人员仍然非常重视，但也学会了提供工作上的一切便利，因为他知道，稳住这些技术人员，而不是让他们跳槽到微软公司，他们是苹果公司将来研发新一代 iMac 机的关键。

史蒂夫·乔布斯最善长的技能之一就是公司的经营管理，此时的史蒂夫·乔布斯对这些管理细节已经非常熟悉：他不仅对产品的外形设计、用户界面和软件开发的细节非常熟悉，还对如何最大限度地提高员工工作效率有一番心得。史蒂夫•乔布斯一方面重新树立了苹果公司员工的审美观，另一方面又重新制定了生产和库存方面的管理政策。

史蒂夫在仔细分析研究苹果公司的衰败之后发现，尽管苹果公司总是吹嘘自己的电脑用起来如何方便，但这种使用上的方便并没有和互联网迅速发展的浪潮结合起来，他开始意识到，苹果公司必须生产出一种更加实用的电脑，把 Mac 机与互联网紧密联系在一起，并把这个项目作为一个要优先实现的目标，才能在为苹果公司开创一个新领域的同时，避免苹果公司业务部门的分裂。

“现在的计算机用起来还是令人生畏的，”史蒂夫抱怨道：“它们太复杂了，也不能执行我们想要它执行的指令，甚至连它能执行的指令都做不好。我们还有很长的路要走。汽车工业在经过了近 100 年的发展之后，人们仍然在走创新发展之路。电话的发展也有很长的一段时间了，但即使这样，电话生产商也做出了令人称赞的技术革新。”史蒂夫却没有看到在他的公司里有什么大的技术创新。“我重新回到苹果公司的目的就是不想再让苹果公司处于一种‘昏睡’状态之中了。苹果公司的这种状况让我想起 20 世纪 70 年代的底特律（美国著名的汽车城），那时美国汽车行驶的速度和船速差不多。”史蒂夫绝对相信，只要把苹果电脑方便的性能和 Mac 机的精美设计与互联网结合起来，苹果电脑就能够再次有机会成为一个真正的“角逐者”。

iMac 电脑吸收了 Mac 机设计的精华，把这种设计风格带到了一个新的年代，但也还有原先那种“史蒂夫式”的设计风格。iMac 电脑里没有软盘，机箱里面仅有一个 CD 存储驱动器，虽然可以有较大的存储量，但无法写入数据随便带走。在史蒂夫的设计理念里，传送文件可以通过互联网或者电子邮件，他把以前电脑中一直使用的软盘给忽略了。若是以前，史蒂夫•乔布斯的这种做法肯定会让很多人非议，但这一次他却得到了不少人的赞同。因为他已经学会如何把自己一个人的决断变成大家的决断，正如 iMac 研发组的市场部经理在描述他们的市场开发状况时所说的那样：

“过去的史蒂夫每天早上都在镜子里看着自己，然后问自己需要什么。现在他还照样这么做，但却不止是史蒂夫自己了——史蒂夫已经要求苹果公司的其他员工每天早上也要‘照一下镜子’，而且史蒂夫也能听进他们的意见了。”

iMac 电脑的研发成功只是苹果公司获得快速发展的一个因素，其他产品也好似雨后春笋般地在生机勃勃的苹果公司里被研发出来了。新一代操作系统的升级换代也是每隔几个月就进行一次。苹果公司还研发了 iBook 电脑，这是一种用户一直期待的便携式 iMac 电脑。虽然苹果公司这种技术上的变革幅度不是很大，但足以令用户感到满意。

从 iMac 电脑这种体积不大，有着颜色明亮的塑料边框，非常漂亮，可以联机上网，而且价格也不贵，得到更多用户认可的大众化精品开始，苹果公司开始恢复强劲的发展势头，从1998年5月6日之后一年多一点的时间里，就销售出去了200万台iMac电脑，而且销售势头还很强劲，苹果公司也从此开始做到长期赢利了。

所以，当有一次史蒂夫接受记者采访被问到，对当前蓬勃发展的互联网技术有什么看法时，他的回答不仅反映出他已是“一家之主”，而且也反映出他在地位发生变化后，思考问题更加全面了。史蒂夫说：“最有价值的事情不仅仅是你创建了一家公司或者让你的公司为公众所熟知。就像当你成为一位父亲或母亲的时候，虽然孩子的出生是一个非常大的奇迹，但真正有价值的事情是你能够与孩子们生活在一起，并帮助他们成长。现在，互联网的飞速发展所带来的问题不是因为有太多的人创建了这样的公司，而是太多的人不能够坚持下来。当然，这也是可以理解的。因为在创业过程中，随时都有可能遇到绝望和痛苦，比如当你不得不裁减公司员工的时候，当你不得不裁撤公司的研发项目的时候，当你要应付出现的各种困境的时候。但也只有经过这样的历练，你才能明白你到底是一个什么样的人，你的价值定位到底在哪里。”

史蒂夫也亲眼目睹过不少人从一开始创业时就非常富有，但他也感到这些人已经失去了“最宝贵的创业体验”，可能永远也不会发现他们自己的真正价值或者“他们根本就没有管理好他们创造的新财富的想法和目标。”

史蒂夫一直是一个内心有着激烈矛盾冲突的人，东山再起之后的他一方面给别人的印象是更加稳重、成熟了，然而与此同时，他的一些行为也表明以前的史蒂夫的脾性和做事方式仍旧存在。所以他才会说出“如果有机会，我们一定要抓住”这样的壮语。事实上他也做到了。

这就是史蒂夫·乔布斯，这是他多年被抛弃在“荒野”之外的一个收获，也和他从傲慢与无知的孩童时期就铸成了一种敢于承担、无所畏惧的个性品质有关。而且这种敢说敢做、敢拼敢骂的品性，虽然让他承担了不少的风险和指责，却也使他不仅重新“复兴”了苹果公司，而且还有助于全体员工形成一种乐观向上的精神，虽然这种精神在当时看似起不了多大的作用，但它最终的结果却让苹果公司市值超过了微软。

从技术封锁到建立开放标准

Steve Jobs

从一开始，苹果就走上了与微软“截然不同”的发展道路。微软采用的是开放式“组装模式”，即产品的硬件和软件分离，自己做系统软件，其他软件和硬件由其他厂商参与开发生产。苹果采用的是封闭式“端到端模式”，即无论硬件、软件，苹果都由自己开发。当比尔·盖茨凭借微软的成功荣登世界首富的宝座时，微软模式战胜了苹果模式。

在 20 世纪 70 年代晚期，苹果凭借 Apple II，曾经在争夺个人计算机市场的战争中取得了绝对优势。Apple II 推出 3 年后，已经占据个人计算机市场 1/3 的份额，苹果凭借 Apple II 的销售收入已经超过 1 亿美元。而那时的蓝色巨人 IBM 甚至还没有推出自己的个人计算机。显然，在个人计算机市场，苹果已经把不可一世的 IBM 远远落在了后面。本来在随后与 IBM 的竞争中，苹果可以继续保持它的领先地位，但史蒂夫·乔布斯在 Apple II 中把好运气都用尽了，随后推出的 Lisa 和麦金塔销量都不敌后来者 IBM 推出的个人计算机。

这样的结果出乎所有人的预料。其实不难理解，苹果不仅要对付 IBM，还要对付康柏、惠普、戴尔等众多电脑厂商。苹果是当时所有电脑厂商的首要竞争对手，微软用自己的操作系统软件与厂商结盟，控制了整个个人计算机行业。这是两种商业模式的竞争，在微软模式下聚集的厂商力量，彻底压倒了苹果模式。

1981 年，IBM 推出第一台个人计算机。1981 年 8 月 12 日，IBM 发布了标价 1565 美元的个人计算机。这款计算机配有一个 5.25 英寸的软驱和 16KB 的内存。IBM 的个人计算机尽管晚 Apple II 四年推向市场，但在技术上却没有任何突破的地方。

IBM 个人计算机推出后，苹果的研发人员买回了一台，并将它拆开研究，研究过后，他们对巨无霸 IBM 的行动没有感到任何恐慌与害怕。因为 IBM 的个人计算机既不美观，体积也很大，同时没有技术创新，还不容易操作。史蒂夫·乔布斯嘲讽道："我觉得很奇怪，世界上最大的计算机公司 IBM 甚至都比不过苹果。Apple II 是 6 年前在车库里设计的，他们只是重新包装了一下，或者是稍微扩展了一下 Apple II 的技术。"

当时的苹果上下没有看到整个行业的未来，没有看到这个行业在新模式下将要发生的巨大变化。IBM 的个人计算机是开放和可以克隆的，任何人都可以组装。这种新模式下，如雨后春笋般出现了康柏电脑、戴尔电脑等令苹果日后头疼多年的对手。

苹果对 IBM 推出的个人计算机毫不在乎，史蒂夫·乔布斯狂妄地说："我们将让 IBM 退出市场，我们让它吃不了兜着走。"十几天后，苹果在《华盛顿邮报》上刊登了一则自鸣得意的醒目广告。广告的大标题为"Welcome IBM，Seriously（欢迎 IBM，认真地）"。此时的苹果俨然是以一种老大的姿态自居，就像主人一样在招呼一个陌生人的到来。

可惜后来的事态并没有朝着史蒂夫·乔布斯预料的方向发展。仅仅到年底，IBM 就销售了 5 万台个人计算机。两年后，

IBM 个人计算机在销售额上已经超过苹果。1983 年，苹果在个人计算机的市场份额是 21%，而 IBM 则从 18%升至 26%，超过苹果，成为个人计算机最大的供应商。

为了应对 IBM 的挑战，苹果推出了 Lisa 和麦金塔个人计算机。在麦金塔的发布会现场，史蒂夫·乔布斯大声疾呼："IBM 想占有一切，苹果是其最后一道障碍，我们能让 IBM 霸占整个信息时代吗?"尽管麦金塔很完美，受到各方赞誉，技术比 IBM 个人计算机先进很多，可它却没有得到市场的认可，销量一直下滑。一年后，苹果发布业绩时，竟然出现了亏损。

史蒂夫·乔布斯寄予厚望的麦金塔被 IBM 个人计算机打得落花流水。在 IBM 与苹果的较量中，没有任何优势的 IBM 取得了完胜，以至于苹果公司前执行官吉恩·路易斯·盖斯无奈地写道："史蒂夫·乔布斯是电脑界的先驱，而不是培育者。"史蒂夫·乔布斯把个人计算机市场拱手相让，IBM 超越了技术更为先进的苹果，担当起个人计算机商用化、家庭化的重任。

苹果在 20 世纪 80 年代中期的没落，并不是产品本身落后，也不是技术上落后，而是产品战略的原因。自 1981 年 IBM 进入个人计算机市场后，就顺应了美国政府对其提出的反垄断指控，开放了 IBM 个人计算机的标准，这个标准日后变成行业标准。一大批电脑公司，如惠普、康柏和戴尔等，都选择以 IBM 个人计算机的标准生产计算机。这使得这些计算机可以与 IBM 的个人计算机兼容。而苹果却拒绝其他公司跟进，没有将技术标准及时开放，以至于市场上的所有技术几乎都不能在苹果电脑上使用。

如果当初苹果及时开放技术标准，将自身领先的技术标准转化为行业标准，IBM 就只能亦步亦趋地追随苹果，生产与苹果兼容的计算机。那样的话，在市场竞争中，苹果就会取代 IBM，成为个人计算机商用化过程中的最大赢家。但苹果的自我封闭，给了蓝色巨人一个绝佳的超越机会。

IBM 不仅公布了自己的技术标准，还采取了与其他厂商合作的方式，共同生产 IBM 个人计算机。IBM 的个人计算机上运行的是微软的操作系统，采用的是英特尔的微处理器和现成的零部件，电脑上的配件也很容易被替换。产业链上的所有企业都可以在发展中赚到钱。因此他们会更快推出自己所掌控环节的技术与服务，而且能通过成本控制，吸引更多用户。

相反，苹果却控制了所有硬件。从一开始苹果就走上了一条全封闭的道路，他们自己研发所有硬件产品。为了不让苹果产品插上其他厂商的设备，史蒂夫·乔布斯甚至在研发麦金塔的时候使用了一种特别的螺丝将机箱紧紧锁住，普通螺丝刀根本无法打开。对此，有评论说："史蒂夫·乔布斯不想看到自己创作的产品被低水平的程序员任意破坏，这种行为就如同一个普通人在毕加索的画上添上几笔一样。"

在软件领域，苹果同样采取了"封闭"的发展模式，以至于美国《时代》周刊不得不发出这样的抱怨："为什么不能在戴尔电脑上运行 MAC OS X，好像回到了极权时代。”实际上，在1985 年微软发布 Windows 1.0 之前，苹果公司已经在 1984 年推出的麦金塔上使用了图形界面技术。尽管苹果的操作系统较微软的系统更加简单、方便，但微软却将自己的操作系统授权给了所有的电脑生产厂商，如 IBM、戴尔等。这种开放的做法让其自身迅速成长，占据了操作系统市场绝对的统治地位。微软控制了全球 97% 以上的桌面操作系统，只留给苹果 3% 的“残羹冷炙”。

这种全封闭的发展模式被普遍认为是苹果错误的开始。苹果电脑上的所有配件都不能与市场上的其他产品兼容，在短期内，配套无法跟进，这使得苹果的技术更新十分困难，软件开发速度过慢，尽管 Lisa 和麦金塔的技术和应用程序优于 IBM，但在日后的升级中，却逐渐落后。在麦金塔的软件应用方面，两年后苹果才推出了文字处理和电子表格等软件。而 IBM 凭借其开放性，迅速有数千种软件程序可供选择安装。试想，当用户需要某一种应用程序时，却发现苹果的软件中根本没有，也无法将市场上其他产品在苹果产品上运行，用户对苹果产品的需求自然会下降。同时，苹果公司还不允许别人制造兼容产品，这使得苹果产品价格明显高于 IBM 个人计算机。这些都是苹果产品不再受市场认可的重要原因。

在苹果与微软以及 IBM 的较量中，“IBM+ 微软”的模式取得了胜利。IBM 发展成为全球最大的个人计算机供应商。而微软凭借其在操作系统中的垄断地位，更是发展迅猛，一跃成为全球最有价值的科技公司。

然而,时隔20年之后，苹果在史蒂夫•乔布斯手中像凤凰一样获得了重生，而且变得更加强大与耀眼。而微软却少了当年的霸气与势头。

曾经是全球最大个人计算机供应商的IBM因为遭遇严重亏损，不得不在2004年底，向中国的电脑供应商联想出售了自己的台式电脑和笔记本业务，转型为IT服务商，不再是苹果的竞争对手。与落魄的IBM相比，微软也正在面临自创业以来的瓶颈，丢掉了全球最具价值科技公司的头衔，在公司未来发展上也举棋不定。而苹果开始进军消费电子产业，个人计算机已不再是主要业务，苹果依靠设计和创新吸引时尚的新一代年轻人，抢走了日本索尼公司的音乐市场，索尼的Walkman也被苹果的iPod打得落花流水。

那么，到底是什么使得苹果在20年后翻身把歌唱了呢?

也许我们从史蒂夫•乔布斯2010年4月在网上发给Adobe的公开信节录中可以看出一些端倪:

苹果与Adobe的关系由来已久。事实上，Adobe的创始人还在他们众所周知的小车库里时，我们就碰过面了。苹果是他们的第一个大客户。我们将他们的Postscript语言应用于当时最新的Laserwriter激光打印机。苹果曾经在Adobe投资，很多年来是Adobe的股东，拥有它20%的股权。两家公司曾经密切合作，开创了电脑桌面出版业，有过许多共同的美好时光。但是那段黄金时代一过，两家公司就分道扬镳了。苹果经历了濒死的体验，Adobe 则凭借其 Acrobat 系列产品而打入企业市场。如今，两家公司只在创意产业为共同的顾客提供产品与服务——Adobe 的 Creative Suites 产品的购买者中，约有一半是苹果电脑用户。但除此之外我们与 Adobe 几乎没有什么共同利益可言。

我想扼要说说我们关于 Adobe Flash 的几点看法，让用户和批评者们更好地理解我们为什么不允许 iPhone、iPod 和 iPad 采用 Flash。Adobe 曾经指出我们的决定是出于商业动机，他们说我们的目的是保护 App Store，但事实上，这是出于科技角度的考量。Adobe 宣称我们是一个封闭的系统，Flash 是公开的，但是事实恰恰相反。让我来解释原因：

第一，“开放”

Adobe 的 Flash 产品是 100%拥有技术专利的。只有通过 Adobe 才能购买这些产品，同时只有 Adobe 有权对其进行改进、定价等。尽管 Flash 遍地都是，但这并不意味着其产品是开放的。因为 Adobe 完全拥有和控制着这些产品，所以无论从哪个角度看，Flash 都是一个封闭系统。

苹果也拥有许多专利产品。尽管 iPhone、iPod 和 iPad 都是有专利的，但我们始终坚信，互联网的所有技术标准都应该是开放的。因此，苹果拒绝使用 Flash，而是用 HTML5、CSS 和 JavaScript 等全部开放的标准。得益于这些开放标准，苹果的移动设备都具有低功耗与高性能的优势。HTML5 是最新的网络标准，已被苹果、谷歌等许多公司采用，它允许开发者开发出更为高级的图形和动画，且不需要第三方浏览器插件如 Flash 就能转换。HTML5 是完全开放的，由一个标准委员会对其进行联合管理，苹果也是其中一员。

苹果同时还为互联网制定开放标准。例如，苹果从一个小型的开源项目做起，开发出了 WebKit。它作为一个完全开源的 HTML5 渲染引擎和 Safari 浏览器的核心组件，被安装在我们所有的产品之中。WebKit 已经被广为采用。谷歌在 Android 系统的浏览器中使用它，Palm、诺基亚也用它，黑莓手机的制造商 RIM 也已经宣布将采用 WebKit。除微软以外，几乎所有的智能手机上网浏览器都搭载了 WebKit。通过将 WebKit 定位为开放技术，苹果实际上已经制定了移动上网浏览器的标准。

第二，关于全网络

Adobe 反复宣称苹果的移动设备无法访问“整个网络”，因为网络上 75%的视频是 Flash 格式的。但他们没有提及的一点是，几乎所有 Flash 格式的视频都有其他更先进的格式：H.264，而 iPhone、iPod 和 iPad 都支持这种格式。YouTube 视频数大约占全网络的 40%，而苹果所有的移动设备都可以播放其视频。iPad 则提供有史以来最好的 YouTube 视频体验。除此之外，Vimeo、Netflix、Facebook、ABC、CBS、CNN、MSNBC、Fox News、ESPN、NPR、《时代周刊》、《纽约时报》、《华尔街日报》、《体育画报》、《人物》、《国家地理》等网站的视频，苹果都可以流畅播放。根本没有多少视频是iPhone、iPod和i-Pad用户无法观看的。

Adobe的另一个理由是苹果设备无法玩Flash游戏。这一点没错。不过好在苹果在线商店提供了超过5万个游戏和娱乐应用，而且其中很多都是免费的。iPhone、iPod和iPad上的游戏与娱乐应用要多于其他任何一个平台。

第三，关于可靠性、安全性和性能表现

赛门铁克公司最近指出，Flash的安全记录在2009年名列倒数。我们还拥有一手资料，证明Flash是Mac系统死机的首要原因。我们曾经与Adobe合作想解决这些问题，但它们仍然一直困扰我们。我们不希望降低iPhone、iPod和iPad的可靠性与安全性，所以拒绝使用Flash。

另外，Flash在移动设备上的表现一直不佳。过去数年来，我们反复要求Adobe证明Flash能在移动设备上良好运行，但至今我们没有看到Flash的任何表现。Adobe曾公开表示Flash将在2009年初被一个智能手机采用，随后又改口说是下半年，后来又改口称是2010年上半年，现在他们又说要等到2010年下半年。我们相信总有一天这会成真的，但我们也庆幸没有期望太高。谁知道它会表现如何呢？

第四，电池使用寿命

播放视频时，为实现较长续航时间，移动设备必须通过硬件进行视频解码，因为在软件中进行会消耗太多电量。现在很多移动设备的芯片都包括一个名为H.264的解码器，这是一个工业标准，在所有的蓝光DVD播放器中都被使用，同时被苹果、谷歌、Vimeo和Netflix等许多公司广泛采用。

虽然Flash最近添加了对H.264的支持，但几乎所有Flash网站的视频都需要老一代解码器来进行解码，且必须通过软件运行，因而早就不为移动芯片所采用。这个区别十分惊人：比方说，在iPhone上，H.264标准的视频可以最多播放10个小时，而用软件解码的视频只能播放不到5个小时。

网页使用H.264对视频进行再编码之后，就可以完全不使用Flash技术了。这些视频在苹果的Safari和谷歌Chrome浏览器播放时，完全不需要任何插件，在iPhone、iPod和iPad上播放的效果也很好。

第五，触屏技术

Flash是为使用鼠标的个人电脑所设计的，而并非手指控制的触摸屏。例如，许多Flash中有含有rollover，即当鼠标箭头滑过某点时，就会自动跳出菜单或者别的元素。苹果的多点触摸屏技术不再需要鼠标，也就没有了rollover这个概念。相应的，许多Flash网站必须进行改进，才能配合带有触摸屏的设备。如果开发者需要改进他们的Flash网站，那又为何不使用如HTML5、CSS和JavaScript这样更先进的技术呢？

就算iPhone、iPod和iPad支持运行Flash，也不能解决这个问题。

第六，第三方平台插足——最重要的原因

抛开 Flash 封闭、独断、技术缺陷和不兼容触摸设备的缺点，我们拒绝使用 Flash 还有一个更重要的原因。我们讨论了使用 Flash 播放网络视频和交互性内容的种种缺点，然而 Adobe 仍然要开发者用 Flash 来开发苹果设备的应用。

过去的经历已经让我们意识到，让一个第三方软件插足于开发者和平台之间，只会带来不合标准的应用，阻碍平台的改善与发展。如果开发者对第三方的函数库和工具产生依赖，那么唯有在第三方选择加入新功能时，开发者才能体验到和充分利用平台的优越性。我们不能被第三方的决定所左右。

如果第三方提供交叉平台开发工具，那情况就会更糟。第三方可能拒绝接受某一个平台的增强工具，除非这些工具也可以被其他它所支持的平台所利用。这样一来，开发者只能使用到所有平台共有的最低级的功能。苹果无法接受这种结果，使开发者仅仅因为我们的创新和增强工具没有出现在我们竞争对手的平台上，而无法使用这些工具。

Flash 是一个交叉平台开发工具。Adobe 的目标并非帮助开发者为 iPhone、iPod 和 iPad 开发最好的应用。他们的目标是协助开发者开发交叉平台应用。Adobe 在增加苹果平台增强应用方面始终动作缓慢。比方说，尽管 Mac OS X 已经推出将近 10 年，Adobe 两周前才在推出 CS5 时完全接受这个平台。

Adobe 是最后一个完全接受 Mac OS X 的第三方开发商。

我们的动机十分简单：我们只是想为开发者提供最先进和最创新的平台，同时希望他们能够利用这个平台的种种优势，来打造最好的应用。我们希望继续增强这个平台，从而使开发者能够开发出更加强大、有趣和实用的应用。因而，苹果能凭借最好的应用而销售出更多产品，开发者获得更广大的用户群，用户则可以始终在这个平台上享受到最好最全的应用。这样才是皆大欢喜。

结　论

Flash 诞生于 PC 时代，所适应的是 PC 和鼠标；Flash 是 Adobe 的一项成功业务，所以我们充分理解为什么他们希望能将其推广到个人电脑以外的领域。然而，移动时代是低功耗设备、触摸屏界面和开放网络标准的时代，而移动时代的主题则是低耗电设备、触控界面和开放的网络标准——所有这些领域都是 Flash 所不擅长的。

事实证明，Flash 已不再是互联网视频浏览的必需。苹果在线商店超过 20 万个应用也证明，Flash 对于上万个图像和游戏的开发者来说，也不再是必需。

新的开放标准已经被创立，比如 HTML5 这样的标准才会在移动设备和个人电脑上同样取得成功。或许 Adobe 应该注重于开发更多 HTML5 工具，而不是批评苹果放弃过时的东西。

很显然，史蒂夫•乔布斯东山再起掌控苹果后，并没有改变苹果产品“端到端”软硬件一体化的封闭式开发模式，而且一直坚持使用自己的操作系统并使之成为人们在 Windows 之外的一种选择：

“Mac 使得我们能够以更快的速度进行创新，而不要像戴尔、惠普和其他所有公司那样看着微软干着急。因为微软有自己的时间安排，或许是出于好意。我说的是，Vista 好像让人等了有个——七八年的？如果你需要等上八年，那为新硬件添加新功能就无从谈起了。而我们则可以自行决定孰轻孰重，从消费者的角度出发以更有整体感的眼光看问题。这也意味着我们不但可以把系统玩弄于股掌，还可以为 iPhone 和 iPod 制作特别的版本。而且，你知道的，如果没有操作系统的话，我们什么都实现不了。

“曾经有段时间我们过得很艰难。Mac 因为各种各样的原因不为众人所接受，这些人选择了 Windows。即便我们全力以赴，市场份额却没有增长。有时候，这会让你怀疑自己是否满盘皆错。或许我们的东西不够好，即便我们相信它已经达标。或许人们对此根本就漠不关心，这会让人心情更糟。

“iPod 的出现让我们突破了操作系统的玻璃天花板。事情的美妙之处在于，它证明了苹果式的创新、苹果式的工程学以及苹果式的设计都是至关重要的。iPod 占据了 70% 的市场份额。即便是在多年打拼并见证了 Mac 电脑 4% 至 5% 的市场份额之后，我仍然无法用语言形容 iPod 对于苹果来说有多么重要。它对于所有人来说，都是一剂药效惊人的强心针。

“我们干劲倍增，并且更加努力。我们曾经说过：‘这事儿挺不错，让我们搞得更大点。’我的意思是，Mac 的市场份额在每个季度都有增长。我们的增长速度是整个行业的四倍。而且我们正保持着这个势头。我们把英特尔处理器放了进来，而且我们不仅可以跑 Mac 软件，还可以运行 PC 上的应用程序。我认为这件事情最重要的一点在于，人们终于意识到，他们没必要再忍 Windows 了——其实还有另一个选择。我认为在此之前，从来没人这样想过。”

当然，跟 20 年前不同的是，苹果不再像过去坚持技本垄断搞技本封锁，而是使自己的技术成为一种互联网和多媒体技本领域可以兼容并包的开放式标准。尽管现在苹果仍然坚持封闭式发展，但是却越来越显得开放。

苹果系统曾经被人们誉为世界上最不开放的平台，苹果无论硬件、软件还是内容都由自己提供，比如 iPod。但是，从 iPhone 开始，苹果学会了在“封闭中开放”的战略，这也是苹果封闭模式的创新之处。苹果封闭了硬件体系的研发，但是在应用服务方面，已经将平台对第三方开放，比如在 iPhone 中就运行了超过 10 万个应用服务，在 iPad 书店和 App Store 中，也都向传统内容开放。而苹果通过这样的平台开放可以得到分成收入。

显然，苹果离人们所期待的完全开放的状态还相去甚远，但毕竟它已经把最封闭的体系，做成了最大的软件和内容开放平台。而这样的改变或许才是它可以用“端到端模式”继续称霸的关键所在。史蒂夫·乔布斯当然知道苹果该开放什么，又该对谁开放。而随着苹果公司在移动硬件设备和数字内容平台竞争中掌控了话语权，很多开发者已经转向“苹果标准”，他们在开发软件时首先想到的就是：这套软件能否在苹果公司的平台上运行！

从小农经济到要素整合

《纽约客》杂志曾经评价史蒂夫·乔布斯说：

“以前的史蒂夫·乔布斯总是试图操控一切，哪怕是苹果电脑芯片里的一粒砂子都不肯经由他人之手，东山再起的苹果终于能够放下架子跟别人合作。”

在早期，极端完美主义倾向下的史蒂夫·乔布斯，把苹果经营成了小农经济时代完全自给自足、遗世独立的小农庄，这种与大工业化时代社会化分工合作的大势完全背道而驰的行为，固然可以让产品的每个细节和性能更加完美，但也导致了产品成本居高不下，价格令人难以接受，在市场上一败涂地。

在创办 Next 电脑公司之初，史蒂夫·乔布斯依然延续“极端完美 + 完全掌控”的套路，从软硬件设计到生产全都自己来，结果又失败了，从而不得不放弃硬件生产而专心于操作系统软件的研发。而学会了舍弃，专注于核心技术的 Next 也终于在此后十来年里取得了不俗的业绩，也为史蒂夫·乔布斯重归苹果打开了一扇侧门，而且它还成为苹果公司少数几个核心技术的基础，尤其是苹果公司颇受好评且深具影响力的 Mac OS X 操作系统。

一次巅峰的坠落，一次重整旗鼓后的滑铁卢，两次失败的沉重打击之下，若是一般人恐怕早已经认输出局，然而对意志顽强的史蒂夫·乔布斯而言却是最终促使他修正思想的契机，正如他在此事业低谷中接受《滚石》杂志记者访问时所说的那样：

“生命的目标是接受启蒙……”

是的，是启蒙，是对一个想要改变世界却又与这个世界主流趋势格格不入者的思想启蒙！

所以，重新接掌苹果后的史蒂夫·乔布斯对于经营管理模式的理解发生了一些改变，以至于他在接受电视新闻杂志《60 分钟》关于“商业模式”提问时说：

“我的商业模式就是披头士乐队，他们是四个相互制约、相互补充、相互平衡的家伙。我要说的是，团队合作的效能永远大于个人，商业上所取得的任何丰功伟绩并不是由个体来完成的，它们得益于整个合作群体。”

毫无疑问，在工业化商业化时代，产业链的本质就是社会分工，对产业链的利用就是对社会分工网络的利用。小农经济时代自给自足的生产方式，个体规模的扩大和大而全的模式远不如利用既定社会分工网络进行合作的效能最大化。

亚当·斯密在《国富论》中就注意到了分工的巨大作用，认为分工是促进企业生产率提高和经济增长的最重要的因素。美国经济学家杨格后来进一步认为，生产过程中更有效率的方式是，选择首先生产某种或某些中间产品，然后通过运用中间产品再去生产最终产品。中间产品的种类数越多，生产的总体效率就会越高。用今天的语言讲，也就是社会分工越细密，产业链越完整，经济效率就会越高，从而节省了许多的成本和交易费用。

事实证明，修正了思想的史蒂夫·乔布斯及其主导下的苹果公司，在坚持超前的技术设计理念，并对全球范围内产业链进行了充分的利用和有效整合后，其市场杀伤力是非常可怕的。

从此，苹果公司生产的 iPod、iPhone 和 iPad 产品系列不仅改变了 IT 业的世界版图，而且引领了一种新的娱乐和消费潮流，创造了一种数字化时代的生活方式。

2001 年 10 月 23 日，苹果公司推出的 iPod 很快便得到市场的热捧，2005 年全球销售量达 1500 万台。iPad 推出时的最低售价只有 499 美元，这在当时出乎许多业界同行和消费者的预料，也压缩和封闭了其他公司类似产品的生存空间。奇妙的产品设计和不高的价格刺激了市场销售，巨大的销售量为苹果公司带来了惊人的超额利润。iPad 和前期的 iPod、iPhone 为什么拥有价格优势？为什么可以在短时期内迅速突破研发瓶颈、生产瓶颈并投入市场？关键在于苹果公司对全球产业链的有效利用和整合。

iPad、iPod 等的设计在苹果公司，但它的零部件供应和代工生产企业却分布在世界许多地区，它们要么拥有技术优势，要么拥有低廉的劳动力，要么拥有区位优势等。以长度相当于一张信用卡、宽度仅相当于 2/3 张信用卡的 iPod 来说，其微型硬盘、解码器、PCB 板等由日本东芝、韩国三星和荷兰飞利浦等国际知名企业提供。电池、充电器、触摸滚轮和耳机等主要由中国台湾和大陆的企业提供。这是就零部件的供应而言。就代工生产而言，苹果公司将 iPod 的代工生产资格给了 4 家中国台湾企业，分别是广达电脑、英华达电脑、富士康和华硕电脑。这些代工企业又主要通过在中国内地的生产基地生产，以充分利用中国内地的丰富、廉价的劳动力资源。就销售而言，苹果公司一是利用沃尔玛的销售渠道；二是通过专门设立的专卖店；三是通过寻求有意向的经销商和代理商进行销售。在整个产业链的协作下，小巧、轻盈的 iPod 在美国市场上亮相的售价为 299 美元。

iPod 产业链上的收益分配大致为组装加工、经销代理和苹果公司自己获取的收益占增加值的比率分别为5.5%、20.6%和73.9%。如果产品通过苹果专卖店直销，则苹果公司的收益更是高达增加值的94.5%。

iPad的产业链与iPod高度相似。美国权威市场调查机构iSupply的调查显示，iPad所有零部件的成本仅为219.35美元，还不及零售价格的一半，平均成本为260美元左右。苹果公司在iPad的产业链中的收益占增加值的比率为50%以上，据说台湾地区的代工生产企业只得到增加值的3%左右。

事实上，自从苹果公司创办以来，它的产品性能一直处于同时代同类产品的顶端，而制约其市场份额的关键因素则是它的价格令人望而却步。所以，当史蒂夫·乔布斯重新执掌苹果，在坚持追求完美和简约的设计理念的同时，又学会利用社会化分工体系，整合产业链节约成本，再加上其对技术进步周期的利用和控制，诸多要素有效结合之后，再将完美时尚的产品以适当的价格推向市场，谁还能与之争锋？

(1955—2011)

第二篇

在挫折中秉持自信

史蒂夫·乔布斯重返苹果后，为了防止自己再度被赶出公司，他将控制权牢牢掌握在自己手上。之前，他将控制权交到了史考利手中，结果，却被史考利逐出公司。从某种程度上而言，史蒂夫·乔布斯这种独断专行的统御能力取得了很好的效果。它保证了苹果公司能将领导者的想法贯彻始终，设计出富有创意的产品。史蒂夫·乔布斯对硬件和软件的严格控制，则确保了产品质量的无可挑剔。他说一不二的强硬作风，让人们心甘情愿地向他臣服，他的独裁成为理所当然。

自命不凡　激情依旧

Steve Jobs

史蒂夫·乔布斯自命不凡，他坚信自己是一个天才，是一个非常有使命感的人，他认为自己做的每一件事情都意义非凡。他总是像传教士那样激情洋溢地将自己的使命感传播给苹果的每一位员工，也让他们确信自己在做着别人无可取代的工作。

所以，尽管他不懂电脑技术，却能让电脑天才沃兹尼亚克造出最畅销的个人电脑 Apple II；他不懂营销，却可以请来百事可乐的营销副总裁约翰·史考利负责苹果的营销工作；他不懂零售，他请来业内公认的零售大师罗恩·约翰逊，带领苹果进入零售行业；他不懂电脑动画，却拥有“拉·赛特、卡特穆尔、阿尔韦”这样的好莱坞黄金组合团队，制作出《玩具总动员》；他不懂音乐，却可以同索尼等业内知名唱片公司合作；他不懂设计，却知道什么是完美的设计，并让人完成相关设计；他不懂广告，却能请最优秀的广告公司为苹果设计出最蛊惑人心的广告经典。

他总是可以让最优秀的人才把他脑子里一个个想法变成最

伟大最完美的产品。正如约翰·史考利所说的那样："史蒂夫·乔布斯并没有真正创造什么实体产品，但他却创造了一切。"

一般员工都认为，在史蒂夫手下工作就好像做噩梦一样。然而，这些员工还是被史蒂夫的魔力吸引着，他们明明知道在任何一个时刻史蒂夫都可以炒他们的"鱿鱼"，人们也总是说史蒂夫·乔布斯粗野专横吝啬苛刻，但他们还是甘心屈服在他的淫威之下，绕着他的指挥棒转圈，死心塌地地跟着史蒂夫干，他们对史蒂夫的这种忠诚度完全超过了对公司其他主管的忠诚度。为什么他总是能让那么多最优秀的人才、最挑剔的消费者成为他的忠实信徒呢？

首先，像 Mac 机研发组成员那样的技术天才们都有一个共同的特点，他们不像平常人那样在乎自己的收入、职业发展或者自己的生活习惯，而是更加在乎他们能否设计出让人们激动不已的计算机，然后获得让世界为之惊奇的效果。这些天才可以说是一群很容易被奇思妙想所打动的人，即使这些奇思妙想很空洞很不现实，甚至漏洞百出，他们也会设法让它变成现实。而这些东西，史蒂夫·乔布斯不仅有，而且比他们更玄更超前更天马行空，甚至比手下的天才们更能洞察他们的心理。所以，越是天才或越是接近于天才的人物，就越是容易被他所吸引，越容易接受他直指人心的棒喝，越乐于被他驱使。

另外，史蒂夫·乔布斯对未来总是表现出非凡的洞察力，而当他相信某件事情能成功时，他这种惊人的洞察力可以让他冲破任何障碍、麻烦或者其他东西的阻挡。任何困难都阻止不了他去实现自己的目标。苹果公司成功的原因就是我们真正相信我们所做的事情。最主要的一点就是我们做每一件事情并不是为了赚钱，而是为了要改变世界。

再加上他有着不可思议的、超凡的说服能力。他有能力让周围的人相信他对现实有着很强的感受力，他的这种能力是一种复杂的混合体，里面既有能够迅速转变不良状态的能力，也有善于鼓动干劲的能力，偶尔还加上他头脑里的创见能力，他的这些能力足够让你失去正常的判断力。

比如，在开发“丽莎”电脑时，史蒂夫•乔布斯非常喜欢说的一句话就是:“我们做出来的东西意义将会非常巨大，肯定会在大学校园里掀起轰动。”虽然后来的结果显示，那完全是一种滑稽可笑的想法，但在那时人们还是拼命工作，尤其是那些工程师，他们整天泡在实验室里，和外面的欢声笑语都绝缘了。

很显然，史蒂夫的出身背景和早期的成功经历，使他不愿受到任何东西的束缚，他不知道有些事情是不可能的，他只是在做他想要做的事情。所以，他做起事来总是无所顾忌，无视权威，无视规则，特立独行，因而也更有想像力、洞察力和创造力。这些特性让他总是散发着一种令人迷醉的魅惑力，笼罩着一种诱人的光环，让你凝聚在他的周围，让你激情四射，让你一直待在他的研发组里。

还有就是，尽管经历了那么多的失败和挫折，史蒂夫依旧拥有那种“胆大妄为”的个性特征，他完全没有考虑他们公司股票价格会出现下降的趋势。皮克斯公司在那时根本没有公开上市的资格。因为只要是稍微明智一些的投资者就不会把资金投入到一家在10年里始终没有获得很大利润的公司。

不过，史蒂夫一直都有一种坚定的信念和大胆、不服输的精神。他经常会做一些看似不成功，而且是一般人在没有调查清楚之前不会轻易采取行动的事情。但就是他的这种坚定与大胆才使得他能够在“飘摇不定”的生意场上恣意纵横，当然有浮也有沉，而那些做事谨慎的人面对这种情况早已放下挑子，逃得无影无踪了。然而史蒂夫还和以前一样有着开拓不息的动力。

当他看到苹果已经快要破产时，史蒂夫·乔布斯决定再干出一番事业，把他开创的苹果公司从灾难性的边缘拯救出来。

回过头来看看自己所走过的路，史蒂夫没有把他的人生历程看成是在经营企业，他更多的是把自己看做一名开创者，这种观点也是他一直坚持的。

“鲍勃·迪伦是我人生中的一个榜样。当我长大后，我背会了他所有歌曲中的歌词，但我对他的欣赏从来都不是肤浅的，而是从中得出了很多的人生启迪。在你欣赏一位艺术家的时候，如果他们在某一方面非常优秀，你会发现，他们仅靠这一点专长就能创造出辉煌的事业，而且，他们给外面的世界留下的印象是获得了真正的成功。”

但作为一名艺术家的年轻人同时又是一名普通人的年轻人，有时候在内心是会发生冲突的。“当人们认为一位艺术家已经取得成功的时候，那也是这位艺术家真正认清自我的时候。如果一位艺术家一直冒着随时可能失败的危险，他才是真正的艺术家。迪伦和毕加索就是经常冒着失败的危险的。”史蒂夫说。

失败的教训深深地扎根在史蒂夫的心里。“我认为苹果公司对于我来说就是这样的。当然，我不希望自己失败。即使我没有意识到苹果公司的困境，我在说‘能行’之前，一定会认真思考一下这个问题。我必须考虑一下这对我的家庭、我的声誉到底有多大的影响。但我决对不在乎重新选择的胜败得失，因为这是我乐于从事的事业。如果我努力了，最后还失败了，那么我还会努力的。”

但当史蒂夫重新回到苹果公司的时候，他感到苹果公司缺失的东西远不只对产品设计的误解。以前苹果公司的那种“热情之火”也完全“熄灭”了。“这比我想象得要严重得多。公司里的员工都习惯于被人称为失败者了，他们感到已经到了该放弃的边缘了。在一开始的 6 个月里情况非常糟糕，有时我也感到要认输了。”

但最终，史蒂夫还是在被自己创建的公司赶出去 12 年后，又重新回到了自己公司，他不仅仅是回来了，而且是带着复仇的架势回来的——他当上了苹果公司的首席执行官。史蒂夫在上任后提出的第一条建议就是对苹果公司的股票期权进行重新估价，这样员工们的士气就被激发起来了；他采取的第二条措施就是把公司员工的工作业绩和他们的股票奖金挂钩，这样员工们也就被凝聚在一起了。

可以说，在史蒂夫的商业经历中，当他面临最富有挑战性的关键时刻时，他给别人的印象都是不需要任何准备，也不需要经过任何彩排就能把别人心中的激情点燃。尽管苹果公司的宣传栏里看起来也没有什么内容，只是写了一句简单的标语“新的思想”。在公司里，这个标语到处都是，甚至写在了公司的大楼上，这一切都表明苹果公司要有一个新的开始了。这句标语大大激发了苹果公司员工的士气。

虽然，史蒂夫·乔布斯还是那么地自命不凡和咄咄逼人：当他决定要做某件事情时，你最好与他配合，要不就干脆走人。

但是，史蒂夫·乔布斯确实做得很好，因为在他一手严苛如冰一手激情如火的刺激下，早已沉沦麻木得快要死去的苹果又被激活了。

当然，在被自己开创的公司赶出去，在“荒野”之中整整待了 12 年后，在他重新回来的时候，一切似乎变得更加人性化了。

1997 年 8 月，苹果的忠实拥护者聚集在波士顿的 Macworld 大会，场面极其火暴。超过 5000 人早来了好几个小时，涌进公园广场酒店的城堡会议厅，等待史蒂夫·乔布斯的主题演讲。他们要亲眼见证他们的英雄归来——也要看看他是否真的准备好再次成为他们的引路人。

当史蒂夫·乔布斯 1984 年的照片出现在头顶的大屏幕上时，观众爆发出热烈的欢呼。“史蒂夫！史蒂夫！史蒂夫！”甚至主持人还在介绍他的时候，人们就开始呼唤。当他最终跨上舞台——穿着黑色背心，无领白衬衫，牛仔裤，带着顽皮的微笑——现场的尖叫声和闪光灯堪比任何摇滚明星的出场。

他首先提醒了观众他的正式职务：“我是史蒂夫·乔布斯，皮克斯的主席和 CEO，”他这样自我介绍，大屏幕上还播放了一页幻灯片予以展示说明。现场稍微安静了下来。然后他解释了自己在苹果的角色：“我和其他很多人一样，在一起努力帮助苹果健康起来。”

但当史蒂夫·乔布斯在舞台上走来走去，用手中的遥控器播放着头顶屏幕上的幻灯片，显而易见他现在掌管着苹果大权——而且很可能会一直如此。他的演讲精雕细琢，不用笔记，解释了为什么苹果的销售额在两年间下滑了 30%：“苹果有很多出色的人才，但是他们在做错误的事情，因为计划本身就错了。”他说，“我发现很多人迫不及待地想去支持一个好的发展战略，但就是没有。”观众又爆发出尖叫、口哨和欢呼声。

在他演讲的过程中，他的热情越来越强烈地奔涌而出，当说到苹果应该怎么做时，他开始说“我们”和“我”——而不是“他们”。“我认为你们要买苹果电脑时还是要用不同的思维方式，”他说，“买苹果电脑的人就是有不同的思维方式。他们代表了这个世界的创新精神，他们要去改变世界。我们为这种人制造工具。”当他强调那个句子中的“我们”时，双手环成杯形，手指点着自己的胸脯。

然后，在结束语中，他谈到苹果的未来时一直在强调“我们”这个词。“我们也要用不同的思维方式，为那些从开始就购买我们产品的人服务。因为很多人认为他们是疯子，但是在那种疯狂中我们看到了天才。”全场掌声雷动，人们都站起来，满怀敬畏地互相看着，有人还在擦拭脸上的泪水。史蒂夫·乔布斯清楚地表明，他和苹果的“我们”是一体的。

而在 2000 年 1 月的旧金山莫斯克尼中心“苹果世界展示会”上，史蒂夫·乔布斯的内心世界发生了巨大的变化，然而，当时很少有人意识到他会从此改变自己，因为他还是那样的激情依旧。

那些听过他多次演讲的人可能会注意到，史蒂夫·乔布斯正在向世界表明，他已发生了很大的变化，但他的魅力没有减少，因为他的演讲还是时常会被此起彼伏的掌声和欢呼声淹没，他还是不用任何草稿就能够自始至终激情四射地发表演说：

当他说到：“在两年半之后，我希望我能向皮克斯公司的股民和苹果公司的股民证明，我这位有着双重身份的首席执行官能为他们做好每一件事。因此，我还会继续在皮克斯公司和苹果公司工作。今天我很高兴地向你们宣布，我要放弃‘临时’首席执行官的头衔了。”

观众中顿时响起了欢呼声，“史蒂夫！史蒂夫！史蒂夫！”，欢呼声是从一些对苹果电脑极为钟爱的观众中发出的。随后这种欢呼声迅速升高，继而整个会场都沸腾了，拍掌的节奏也随之加快，然后兴奋的观众开始跺脚，到了最后，观众都站立起来齐声欢呼。

身处现场的史蒂夫一开始并没有体会到这种狂热的气氛。在他想听清楚一点，把手放在耳边时，他才突然意识到：几千名苹果电脑迷、苹果电脑的使用者、苹果电脑的研发者以及对苹果电脑充满信心的人想要呐喊的正是他想听到的。所有的观众把所有的爱都“倾泻”在了他的身上。

在史蒂夫的职业生涯中，他是第一次经历这样的场景。在长达两个半小时和谐、连贯的展示结束时，史蒂夫真的被感动了。他脸上一直带着温顺的笑容，他能感到自己正被一种温情与热爱紧紧地包围着。

可能他再也不会傲慢无礼、过于自信了。可能是他的 4 个孩子，也可能是他经营的一个完全失败的公司和几乎已经失败的另一家公司教会了他。这次在莫斯克尼中心，史蒂夫真的为之动容了。他的喉咙开始哽咽，但他忍住了泪水，喃喃自语道：“是的，我们都会改变的。”是的，史蒂夫·乔布斯已经彻底改变了，他的感觉和热情已经与商业和技术牢牢地结合在一起了。

“现在，你们真的让我很激动，”他开始说话了，“我每天都要去皮克斯公司和苹果公司工作，与那些世界上最有天赋的人一起工作。我们所做的是世界上最出色的工作，但这些工作都属于团队工作。”

史蒂夫的眼睛湿润了。是啊，这些工作都属于团队工作。要是在15年前，史蒂夫肯定说不出这句话来，但现在一切都不同了。时间就是一个很大的天平，它消除了史蒂夫内心深处的傲慢与高人一等的优越感，让他意识到自己是多么的幸运，他现在要面对这几千名观众，诚心诚意地感谢这些人，是他们的辛勤工作，才使得他成就了今天的辉煌:

他怀着极其感动的心情，向观众们说出了他在这次展示会上的最后一句话:“我代表苹果公司的全体员工接受你们的感激之情。”

他明白了一切。这就是新时代的史蒂夫•乔布斯。创业的失败使他变得谦逊了，孩子们的出生使他变得温顺了，而年龄的增长也使他变得更加成熟了。虽然他还可能刚愎自用，还可能像以前一样只相信自己的决断，但重要的是，他已经意识到工作是大部分人做的:“苹果公司就是一支团队。”

服从内心　百折不挠　做到极致

Steve Jobs

史蒂夫·乔布斯 2005 年在斯坦福大学毕业典礼上的演讲

斯坦福大学是世界上最好的大学之一，今天能参加各位的毕业典礼，我备感荣幸。（尖叫声）我没有从大学毕业，说句实话，此刻算是我人生中离“大学毕业”最近的一刻了。（笑声）今天，我想告诉你们我生命中的三个故事，并非什么了不得的大事件，只是三个小故事而已。

第一个故事，是关于串起生命中的点点滴滴。

我在里德大学待了 6 个月就退学了，但之后仍作为旁听生混了 18 个月后才真正离开。

我为什么要退学呢？故事要从我出生之前开始说起。我的生母是一名年轻的未婚妈妈，当时她还是一所大学的在读研究生，于是决定把我送给别人收养。她坚持我应该被一对念过大学的夫妇收养。所以在我出生的时候，她已经为我被一位律师和他的太太收养做好了所有的准备。但在最后一刻，这对夫妇改了主意，决定收养一个女孩。候选名单上的另外一对夫妇，也就是我的养父母，在一天午夜接到了一通电话："有一个不请自来的男婴，你们想收养吗?"他们回答："当然想。"事后，我的生母才发现我的养母根本就没有从大学毕业，而我的养父甚至连高中都没有毕业，所以她拒绝签署最后的收养文件。直到几个月后，我的养父母保证会把我送到大学，她的态度才有所转变。

17 年之后，我果然进了大学。但因为年幼无知，我选择了一所像斯坦福一样昂贵的大学。（笑声）我的父母都是工人，他们倾其所有资助我的学业。在 6 个月之后，我发现自己完全不知道这样念下去究竟有什么用。当时，我的人生漫无目标，为了念书，还花光了父母毕生的积蓄，所以我决定退学。我相信车到山前必有路。做这个决定的时候，我非常害怕，但现在回头去看，这是我这一生中做出的最正确的决定之一。（笑声）从我退学那一刻起，我就再也不用去上那些我毫无兴趣的必修课了，我开始旁听那些看来比较有意思的科目。

这件事情做起来一点都不浪漫。因为没有自己的宿舍，我只能睡在同学宿舍的地板上；一个可乐瓶的押金是 5 分钱，我靠收集空瓶换押金买吃的；在每个周日的晚上，我都会步行 7 英里穿越市区，去 Hare Krishna 神庙免费吃顿好的，我喜欢这顿牙祭。我跟随好奇心和直觉所做的事情，事后证明大多数都是极其珍贵的经验。

我举一个例子：那个时候，里德大学拥有大概是全美国最好的书法教育。整个校园里的每一张海报、每一个抽屉上的标签，都是漂亮的手写体。由于已经退学，不用再去上那些常规的课程，于是我选择了一门书法课程，想学学怎么写出一手漂亮字。在这门课上，我学习了各种衬线和无衬线字体，学习如何改变不同字体组合之间的字间距，学习如何做出漂亮的版式。那是一种科学永远无法捕捉的充满美感、历史感和艺术感的微妙，我发现这太有意思了。

当时，我压根儿没想到这些知识会在我的生命中有什么实际运用价值，但是 10 年之后，当我们设计第一款麦金塔电脑时，这些东西全派上了用场。我把它们全部设计进去，这是第一台可以排出好看版式的电脑。如果当时我在大学里没有旁听这门课程，麦金塔就不会提供各种字体和等间距字体。自从视窗系统“山寨”了苹果系统以后，（鼓掌，大笑）所有的个人电脑都有了这些东西。如果我没有退学，我就不会去旁听书法课，而今天的个人电脑大概也就不会有出色的版式功能。当然我在念大学的那会儿，不可能有先见之明，把那些生命中的点点滴滴都串起来；但 10 年之后再回头看，生命的轨迹变得非常清楚。

再强调一次，你不可能充满预见地将生命的点滴串联起来，只有在回头看的时候，你才会发现这些点点滴滴之间的联系。所以，你要坚信，你现在所经历的，将在你未来的生命中串联起来。你不得不相信某些东西，你的直觉、命运、生活、机遇……正是这种信仰让我没有失去希望，它使我的人生与众不同。

我的第二个故事是关于爱与失去。

我是幸运的，在年轻时就知道了自己爱做什么。在 20 岁时，我就和沃兹在我父母的车库里开创了苹果公司。我们勤奋工作，只用了 10 年时间，它就从车库里的两个小伙子成长为拥有 4000 名员工、价值达到 20 亿美元的企业。那个时候，我们最棒的产品麦金塔刚刚推出一年，而我才刚过 30 岁。

然后，我就被炒了鱿鱼。一个人怎么可以被自己所创立的公司解雇呢？（笑声）这么说吧，随着苹果的成长，我们请了一个原本以为很能干的家伙和我一起管理这家公司，在头一年左右，他干得还不错，但后来，我们对公司未来前景的看法出现了分歧，于是我们之间出现了矛盾。由于公司的董事会站在他那一边，所以在我 30 岁时，就被踢出了局。我失去了一直贯穿我整个成年生活的核心，那种打击是毁灭性的。

在头几个月，我真不知道要做些什么。我感到自己辜负了前辈企业家的期望——就像接力棒交到我的手里，而我却丢掉了。我成了人人皆知的失败者，我甚至想过逃离硅谷。然而有一种东西慢慢照亮了我：我依然爱着我所爱的东西。在苹果公司发生的一切丝毫没有改变我，一个比特（bit）都没有。虽然被抛弃了，但我的热忱不改。我决定重新开始。

当时我并没有看出来，但事实证明，我被苹果公司解雇是我这一生所经历过的最棒的事情。事业成功所伴随的那种沉重不见了，取而代之的是重回起跑线的那种新手的轻盈。每件事情都不再那么确定，我获得了解放，进而开始了我一生中最富有创造力的时期。

在接下来的 5 年里，我开创了一家叫做 NeXT 的公司，接着又建立了一家名叫皮克斯的公司，并与一位奇妙的女士共坠爱河，她后来成为了我的太太。皮克斯制作了世界上第一部全电脑动画电影《玩具总动员》，现在这家公司是世界上最成功的动画制作公司之一。

（掌声）再后来，经过一次戏剧性的收购，苹果公司买下了 NeXT，于是我又回到了苹果公司，我们在 NeXT 研发出的技术成为推动苹果公司复兴事业的核心动力。我和劳伦斯也拥有了美满的家庭。

我非常肯定，如果没有被苹果公司炒掉，这一切都不可能在我身上发生。生活有时候就像一块板砖拍向你的脑袋，但不要丧失信心。热爱我所从事的工作，是一直支持我不断前进的唯一理由。你得找出你的最爱，对工作如此，对爱人亦是如此。工作将占据你生命中相当大的一部分，从事你认为具有非凡意义的工作，方能给你带来真正的满足感。而从事一份伟大工作的唯一方法，就是去热爱这份工作。如果你到现在还没有找到这样一份工作，那么就继续找。如同那些美好的爱情一样，伟大的工作只会在岁月的酝酿中越陈越香。所以，在你终有所获之前，不要停下寻觅的脚步。不要停下！

我的第三个故事是关于死亡。

17岁时，我读过一句格言："如果你把每一天都当成你生命里的最后一天，你将在某一天发现原来一切皆在掌握之中。"（笑声）这句话从我读到之日起，就对我产生了深远的影响。在过去的33年里，我每天早晨都对着镜子问自己："如果今天是我生命中的末日，我还愿意做我今天本来应该做的事情吗？"当一连好多天答案都否定的时候，我就知道做出改变的时候到了。

记住自己将不久于人世，这是我在作出人生重大选择时的一个最重要的参考工具。

因为所有的事情——外界的期望、所有的尊荣、对尴尬和失败的惧怕——在面对死亡的时候，都将烟消云散，只留下真正重要的东西。在我所知道的各种方法中，记住你终将死去是帮助你避开"我可能会失去×××"思维陷阱的最佳方法。财富名利生不带来，死不带去，没有理由不听从你内心的呼唤。

大约一年前，我被诊断出癌症。在早晨7点半，我做了一个检查，扫描结果清楚地显示我的胰脏内出现了一个肿瘤。我当时甚至不知道胰脏是什么。医生告诉我，几乎可以确定这是一种不治之症，顶多还能活3至6个月。大夫建议我回家，把诸事安排妥当，这是医生对临终病人的标准用语。这意味着，你得把你今后10年要对孩子说的话用几个月的时间说完；这意味着，你得把一切都安排妥当，尽可能减少你的家人在你身后的负担；这意味着，向众人告别的时间到了。

一整天，我的脑子里只有这个判决。那天晚上，我做了一个切片检查。我打了镇静剂，但我太太当时在场，她后来告诉我，当大夫们从显微镜下观察了细胞组织之后，都哭了起来，因为他们发现这是一种非常罕见的、可以通过手术治疗的胰脏癌。我接受了手术，现在已经康复。（掌声）

这是我最接近死亡的一次，我希望在随后的几十年里，都不要有比这一次更接近死亡的经历。在经历了这次与死神擦肩而过之后，死亡对我来说只是一项有效的判断工具，并且和只是一个纯粹的理性概念时相比，我能够更肯定地告诉你们以下事实：没人想死；即使想去天堂的人，也希望能活着进去。（笑声）死亡是我们每个人的人生终点站，没人能够例外。死亡很可能是生命最好的造物，它是生命更迭的媒介，送走耄耋老者，给新生代让路。现在你们还是新生代，但不久的将来，你们也将逐渐老去，被送出人生的舞台。很抱歉说得这么富有戏剧性，但生命就是如此。

记住，你们的时间有限，所以不要把时间浪费在别人的生活里。不要被条条框框束缚，否则你就生活在他人思考的结果里。不要让他人的观点所发出的噪音淹没你内心的声音。最为重要的是，要有遵从你的内心和直觉的勇气，它们可能已经知道你想成为一个什么样的人，其他事物都是次要的。

在我年轻的时候，有一本非常棒的杂志叫《环球百科目录》，它被我们那一代人奉为圭臬。可惜的是，《环球百科目录》

出版了数期，生命就走到了尽头。那是 20 世纪 70 年代中期，我正是你们这个年纪，这本杂志出版了最后一期。封底有一张清晨乡间公路的照片，照片下面有一行字：

“求知若渴，虚怀若谷。（Stay hungry，stay foolish.）”

我一直希望自己做到这样。现在，在你们毕业开始新生活的时候，我把这句话送给你们：

求知若渴，虚怀若谷。（Stay hungry，stay foolish.）

完 美 主 义

Steve Jobs

史蒂夫·乔布斯是一个天生的完美主义者。在他看来，不是最完美的东西就不够好。史蒂夫·乔布斯的家里几乎一件家具都没有，整栋房子甚至没有一张床，原因是没有一张床令他满意，所以这个亿万富翁宁愿席地而睡。史蒂夫·乔布斯的好朋友，甲骨文公司创始人拉里·埃里森曾在公开场合证实此事。2009 年，埃里森在点评史蒂夫·乔布斯时曾说：“当年我和史蒂夫·乔布斯是邻居的时候，他一件家具也没有。史蒂夫·乔布斯竟然找不到符合自己要求的家具，我十分意外。如果不达完美，他宁愿不添置任何东西。”

史蒂夫·乔布斯就是这样的人，如果找不到令他满意的、完美的东西，他宁可不要。这种偏执地追求完美的艺术家个性，在苹果的产品研发中随处可见。

“追求完美”是苹果的设计师们一进入公司，就挂在嘴边的信条。

当然，这句话的分量对不同人也不完全一样。对普通设计师而言，完美主义也许只是个理想化的目标，可以追求但不必强求。但对帮主史蒂夫·乔布斯来说，完美主义其实就是他的生命，如果某件事做不到完美，那简直比杀了他还痛苦。

早年开发麦金塔时，史蒂夫·乔布斯就不断地否定既有的设计方案，不断改进产品，以至于整个项目的进度被屡屡拖延。在改进麦金塔的过程中，史蒂夫·乔布斯用近乎偏执狂的架势，要求工程师们把用户根本看不见的主板电路做得漂亮、养眼，要求设计师仔细调整键盘上每个标点符号的外观，反复比较主机机箱的不同候选颜色……

在研发 iPhone 的时候，设计团队尝试过数百种不同的手机外壳，有的方案之间只有很小的差异，有的方案之间明显不同，还有一些方案选择的是完全不同的材质。最终，由史蒂夫·乔布斯拍板，选定了其中一款设计。但就在离手机正式发布还有几个月的时候，一天，史蒂夫·乔布斯突然被自己的潜意识惊醒，他发现，自己对此前选定的外壳方案又不满意了。他驱车赶到

iPhone 设计团队。那些已经连轴工作了很长时间的设计师们对史蒂夫·乔布斯的出尔反尔敢怒而不敢言。

“史蒂夫·乔布斯就是创造产品的米开朗琪罗。”杰伊艾略特评价说，“他会不停地在画布上涂涂改改，直到他肯定自己已经得到了满意的方案为止。”

在苹果，人们把史蒂夫·乔布斯这种临发布前的出尔反尔称做“重启”。一旦史蒂夫·乔布斯对此前选定的设计方案不满意，他就会像重启一台电脑那样，“重启”整个设计流程，废掉此前辛辛苦苦得到的一切，从一个他认为合适的环节重新开始。这对设计师而言，是一个巨大的压力，但对产品而言，这是通向完美的必经之路。

史蒂夫·乔布斯经常告诫员工，一定不要因为想当然的困难而放弃对完美的追求。史蒂夫·乔布斯总是给员工讲这样一种糟糕的过程：“当设计师把一个出色的创意拿给工程师看的时候，工程师总是说：‘这不可能，我们做不出来这个，根本没有可能。’于是，设计师只好屈服于工程师，让工程师在‘可能’的情况下完成产品设计。最终，当他们把设计图纸拿给制造部门的时候，制造部门的人就会说：‘我们造不出来这个。’就这样，每个环节的人们都占足了口舌上的便宜，却丢弃了完美的产品。”

1997 年刚回归苹果的史蒂夫·乔布斯和艾弗一起完成 iMac 的彩色透明设计后，他们在工程部门就碰到了这样的麻烦。当史蒂夫·乔布斯和艾弗把设计原型拿给工程师看的时候，工程师们竟然找出了 38 个理由来说明这个创意为什么无法实现。

史蒂夫·乔布斯说："不，不。我们就要做这个。"

工程师们说："好吧。但，为什么呢?"

史蒂夫·乔布斯对他们说："因为我是 CEO，而且我认为，这东西能够实现。"

工程师们很不情愿地服从了史蒂夫·乔布斯的命令。但最终，iMac 的市场表现证明，史蒂夫·乔布斯的坚持是对的。

其实，史蒂夫·乔布斯在完美上的追求也并不只限于苹果的产品。有一位曾在加州帕萨迪纳苹果专卖店工作的销售，名叫伊恩麦多克斯。他刚刚到苹果专卖店工作不久，那家专卖店就开始重新装修地板。每天晚上等最后一名顾客离店之后，施工队就开始把一块块地砖掀起来，换上新的地砖。新的地砖是从意大利进口的深灰色花岗岩，是史蒂夫·乔布斯亲自挑选的样式。"那地砖铺在专卖店里非常漂亮。"麦多克斯回忆说。

新地砖铺好后不久，一天清早，专卖店还没开门，麦多克斯发现所有经理都神情紧张地在店里集合，甚至还包括极少露面的区域经理。原来，史蒂夫·乔布斯这天早上带了四五个人，亲自来到这家专卖店，检查新地砖的效果。

麦多克斯发现，史蒂夫·乔布斯对新的地砖并不满意。新地砖刚铺上时非常漂亮，但因为使用的接缝剂不够好，顾客一踩就会留下难看的污迹。地砖才铺好几天，整个大厅的地板就显得很脏。

看到史蒂夫·乔布斯很不满意，麦多克斯和专卖店经理们都很紧张。他们战战兢兢地看着史蒂夫·乔布斯。这一次，史蒂夫·乔布斯不仅仅是不满意，而是大发雷霆、火冒三丈。史蒂夫·乔布斯命令专卖店经理，地砖必须全部换掉。结果，施工队又被叫了回来，认真清洗了每一块地砖，使用新的接缝剂重新铺设了整个地面。

史蒂夫·乔布斯曾不无自嘲地对记者说，自己追求完美可能也是一个弱点，“有时，‘做到最好’是‘做得很好’的敌人。”

艺术与科学的交叉口上

Steve Jobs

史蒂夫·乔布斯一再指出，苹果和其他所有计算机公司的最大区别在于苹果一直设法嫁接艺术与科学，在他的 Mac 初始研究团队里许多人拥有人类学、艺术、历史和诗歌等学科的教育背景。这对苹果产品脱颖而出一直很重要。这是 iPad 与它之前或之后所有平板电脑的区别。这是一种产品的外观和触觉，是它的灵魂。但计算机科学家或工程师很难看出这种重要性，因此任何公司都必须有一个领袖认识到这种重要性。

史蒂夫·乔布斯曾说，技术创新与艺术创意是同一事物不可分割的两个方面，就像他在接受《时代》杂志采访时所说的："我从来不认为它们是相互分离的。达·芬奇是一位伟大的艺术家，也是一位伟大的科学家；米开朗基罗非常精通雕刻；我所认识的最优秀的十几个电脑科学家全都是音乐家。"史蒂夫·乔布斯说，他一直记得宝丽来的兰德博士所说的"我希望宝丽来站在艺术与科学的交叉口"。

在史蒂夫·乔布斯的带领下，苹果站在了"艺术与科学的交叉口"。史蒂夫·乔布斯如同交响乐团的总指挥，让苹果公司的每个音符都准确地表达出来，才使苹果推出了像 iMac、iPod、iPhone 和 iPad 这样完美的科技产品。

每当面对快被逼疯的员工时，史蒂夫·乔布斯却说："这不仅仅是工程学和科学，也是艺术。"而真正的艺术家从来不会在任何事物或者诱惑面前妥协，史蒂夫·乔布斯也没有任何妥协，他不妥协！他的"完美"追求，即便他因此"伤痕累累"，他也不取悦任何人，包括消费者。他像凡高一样，从来不会为金钱和市场所驱使，他总是专注于他所认为正确的事情，就像拉里·埃里森所说的："看看史蒂夫·乔布斯是怎样开发一部手机和笔记本电脑的，实际上他是在追求技术和美学上的双重完美，绝不妥协。"

史蒂夫·乔布斯近乎执拗的完美主义倾向，使得他的产品能够毫不留情地砍掉各种复杂的功能，然后将最简单的核心功能做到极致，固执地追求完美，以确保每次推出的新产品都要给人“惊喜”的感觉。

除了史蒂夫·乔布斯，恐怕没有人能将艺术与技术结合得如此完美。史蒂夫·乔布斯将艺术运用到了人们意想不到的地方。是苹果告诉了人们，像电脑这样的高科技产品也可以是美的，好玩的，那么更不用说电子产品了。这些含有科技创新技术的产品应该像艺术品一样进入每个家庭，进入每个人的手中，让人们享受科技及美学结合的乐趣。

苛责每一个细节

Steve Jobs

苹果公司非常注重保密，因此外界对其内部设计过程几乎一无所知，但还是有些故事流传了出来，其中大多是关于史蒂夫·乔布斯对细节的极度关注。

谷歌公司高管维克·贡多特拉讲述了其公司与苹果公司合作，把谷歌地图应用放到 iPhone 上那段时间发生的一件事：一个周末，贡多特拉接到了史蒂夫·乔布斯本人打来的电话，表达他对于标题中第二个字母“o”的黄色阴影有误的不满。

美国一家投行的资深分析师保罗·诺格罗斯在一篇文章中写道：“近乎变态地注重细节才是史蒂夫·乔布斯的成功秘诀。”

细节决定成败。为了重新设计 OS X 系统的界面，史蒂夫·乔布斯几乎把鼻子都贴在电脑屏幕上，对每一个像素进行比对，他说：“要把图标做到让我想用舌头去舔一下。”他是苹果产品的最终仲裁者，然而我们却看到，他关心的是与产品有关的细节及其带给用户的体验。

关注细节更决定着能否有“正确的人为公司做正确的事”创造出自由空间。在史蒂夫·乔布斯这样近乎苛刻的管理者的带领下，留下来的员工都是近乎“疯子”般关注细节的人，而公司的整个氛围和空间正是为他们所准备的。在这样的空间里，为用户提供完美的产品就成为每一个员工进行创新的目标。

正如一位网友所说：“当多年前，我第一次看到 iMac 时，我知道这不是一台 PC，而是一件完美的艺术品。是史蒂夫·乔布斯一扫计算机灰褐色、千篇一律的单调，将计算机从充满电路板气味的实验室带进了我们的卧室，并用相对低廉的价格，让我们完成了一次技术与艺术的完美体验。”

史蒂夫·乔布斯穷尽一生告诉我们，创新并非从无到有的开创，而在于工作中的每一个细节，把每一个细节做到极致就是创新！

1980 年，史蒂夫·乔布斯带领麦金塔研发团队时，因为不懂技术，他在软件的设计上并没有更多话语权。这让他把更多精力放在了机箱的设计上。在一次研发会议前，史蒂夫·乔布斯带着一本电话簿走进了会议室，他把电话簿扔在了桌子上，自顾自地说："设计出来的麦金塔就应该这么大，不能再让它的体积变大了。如果再加大，用户会受不了的。""另外还有，我一看到这些方方正正的像盒子一样规矩的电脑就厌烦，为什么不能把它设计得更高一点，而不是更宽呢？"说完史蒂夫·乔布斯就离开了。

史蒂夫·乔布斯提出机箱的设计后，每隔几个月，设计人员就会制造出新的模型，供大家参观。事实上，在制作第四个模型后，就很难将它与第三个模型区别开了，就像一位参与设计的人员所说的："到第四个模型完成后，我几乎无法看出它与第三个模型有什么差别了，但是史蒂夫·乔布斯很有判断力，他果断地指出自己喜欢或者讨厌的细节，而我几乎没能看出这些细小的差别。"直到第六个模型完成后，史蒂夫·乔布斯才终于表示赞同。

史蒂夫·乔布斯偏执地关注着麦金塔的每个细节。他的苛刻要求使工程师们头痛不已。他们为此经常来找他，说他们无法设计出麦金塔奇特外形所需要的塑料外壳，但史蒂夫·乔布斯却坚持麦金塔的外壳必须一体成形，它的构造将是一种制造工程的突破。"史蒂夫·乔布斯，我做不到，它太复杂了！"一位工业设计师对史蒂夫·乔布斯大叫道。"我不接受你的说法，"史蒂夫·乔布斯厉声道，"要是你做不到，我会找其他人。"最后，他们确实做到了，但却用了大约 15 件其他结构的工具来制造出电脑外壳。

毫无疑问，他的坚持得到了认可，不论是皮克斯的《玩具总动员》还是后来的苹果产品都几乎成了“完美”的代名词。

对此，史蒂夫·乔布斯曾经有过一段堪为经典的论述：

当我们在皮克斯（Pixar）制作《玩具总动员》（Toy Story）的时候，曾经有一次，我们不得不承认剧本实在不行。它就是不过关。我们一度将工期暂停了 5 个月……我们让每个人都拿着工资放大假去了。好好琢磨了一番之后，他们做出了你所看到的《玩具总动员》。假如当时他们没有停下来的勇气，那也不会有最终的《玩具总动员》，甚至也不会有皮克斯的今天。我们曾称之为“危机总动员”，而且指望着这种事情别再发生。但是你知道吗？每部电影身上都发生了同样的事情。当然我们不再停工 5 个月，我们找到了更聪明的解决办法。但是总会有那么些山穷水尽的时刻，但是要蒙骗自己其实并不难——说服自己：其实你心里清楚，事情并不是这样的。

好吧，那你知道吗？在苹果，几乎每个大项目都会遇到这种情况……拿 iPhone 举例。我们曾经有过一个迥异的 iPhone 封装设计，那时候离面世已经为时不远，甚至没有时间再做改动了。在某个周一的早晨，我走进公司说：“我就是不喜欢这个东西。我无法说服我自己爱上这个玩意儿。而这是我们做过的最重要的产品。”

然后我们就按下了重启键。我们重新回顾了曾经做出来的无数款模型机以及曾经有过的想法。最终，我们做出来了今天你看到的 iPhone。相比之下，好得出人意料。那个过程简直是去地狱里走了一圈，因为你不得不当着整个团队的面说：“你们在过去一年里做出来的所有东西，我们都要全盘否定并且重头再来。而且我们必须加倍努力，因为我们已经没时间了。”而你知道每个人都说了什么吗？“算我一个。”

这种情况发生得比你想象的频繁得多，因为这不仅仅是工程学和科学。这也是艺术。有时候当你身处这种危机之中，你无法确定自己是否可以把整件事情推向终点。但我们总是能够到达彼岸。所以我们总是胸有成竹，虽然有时候你会心生疑虑。我认为事情的关键在于，我们在这种时候不会被完全吓倒。我指的是，我们全身心地投入了这些事情之中。

超越自我　永不停歇

Steve Jobs

在高屋建瓴的战略思考和对未来方向的把握上，不得不说，这个世界上还没有另一个人到达过“乔帮主”的高度，真的，即便是创造了互联网神话的佩奇和布林也不行。

这一点，还真是不服不行，“乔帮主”对未来技术方向的嗅觉是天生的，没有这个眼光，何谈改变世界?

人们通常把这种洞悉未来的能力称为远见（Visionary）。“乔帮主”的远见卓识则在于，总是能比别人提前几年看到技术发展的大势所趋，又常常能准确地抓住最好的时机一招制胜。

从结果上看，史蒂夫•乔布斯的远见通常体现在三个方面:

史蒂夫•乔布斯非常了解自己所关注的每一个技术领域的来龙去脉。

史蒂夫•乔布斯总是相信未来有无限可能，且清楚地知道大致的演进方向。

史蒂夫•乔布斯总是大胆地顺应潮流，推陈出新，无论这种更新是不是伤害眼前的利益。

有人说，苹果做得最漂亮的地方在于他们淘汰自己产品的速度。想想吧，当年苹果把 AppleII 卖得风生水起的时候，却自己另立门户，推出实质上和 AppleII 竞争的麦金塔。这样的例子不胜枚举。

后来成为 Palm 公司 CEO 和 Handspring 公司创始人的唐娜杜宾斯基（DonnaDubinsky）当年在苹果负责打印机的销售渠道。她回忆说:“当苹果准备把打印机的分辨率从 300dpi 升级到 1200dpi 时，我曾建议史蒂夫•乔布斯:‘我们应该先把旧的打印机降价，出清库存后，再开始销售新的打印机。’史蒂夫·乔布斯回答道：‘不，我们马上就停止卖 300dpi 的打印机，因为用户需要新的技术。’”

苹果不断用新产品、新技术淘汰和否定旧的东西，因为史蒂夫·乔布斯从骨子里相信，苹果要为了未来而不是为了现在而活着。

史蒂夫·乔布斯回归苹果后，当麦金塔还是苹果的主营业务时，他就利用苹果周年纪念的机会给全体员工发邮件说：“已有的 Mac 电脑算不了什么，苹果今后推出的产品才能代表未来。”

果不其然，当苹果用 iPod、iPhone 和 iPad 等一系列重磅炸弹打乱旧世界的格局时，苹果自身的产品结构也发生了根本性的改变。到 2011 年，占据苹果 60% 以上销售额的产品，竟然都是 5 年前根本不存在的产品！史蒂夫·乔布斯对未来的这种追逐，也许，只能用“执着”来形容了。

在历史上，苹果每推出一款产品，就开始想，下一款产品应该是什么。当沃兹完成 Apple I 的研发后，就立即投入到了 AppleII 的工作中去；当 Apple II 刚刚改变了人们对计算机的认识，史蒂夫·乔布斯立即判断出，图形用户界面才是未来的潮流；当 iPod 刚刚上市，史蒂夫·乔布斯就几乎立即开始思考 iPhone 和 iPad 的雏形……

这种提前两三年就找出科技产业下一件大事的能力是让人叹为观止的。如果没有这种能力，今天的苹果即使不走向崩溃，也必然和微软、IBM 等庞大的 IT 巨人一样，虽然运转如常却毫无激情、活力可言。

当然，这种执着的“未来控”也会在实践中付出代价。

首先是时机的把握。苹果当年推出麦金塔的时机就没有完全掌握好，后来史考利主推的牛顿 PDA 又一次给他人做了嫁衣。这些教训不可谓不深重。

其次是更新换代时的平滑程度。有的时候，苹果为了尽快启用新的技术，常常不顾一切地放弃对现有技术和既有用户的支持。

当年推出麦金塔时，苹果就大胆放弃了还是时代主流的 5 寸软驱，而选用了代表未来的 3 寸软驱。等到推出 iMac 时，苹果再次大胆决定，连软驱也不要了，只为 iMac 配备光盘驱动器和网络接口。要知道，那时不少电脑还没有连入网络，软盘还是很多用户最常用的“通信”媒介。2005 年，史蒂夫·乔布斯毅然决定，新款 iPod 全面放弃苹果自己的数据传输接口“火线”，转而支持代表未来的 USB 2.0 数据接口。最狠的是，2008 年，无线网刚刚火起来，苹果推出的 MacBook Air 笔记本电脑就直接放弃了有线网络接口，只内置无线网络，这简直就是赶着用户“投奔”未来呀!

这种激情洋溢的技术更新必然带来许多与现有产品不兼容的问题。早年间，苹果的麦金塔就和 Apple II 不兼容，同样追求图形用户界面的 Lisa 和麦金塔相互也不完全兼容。后来，Mac OS 各版本之间的兼容性问题时常出现，史蒂夫·乔布斯回归前，甚至出现过苹果自己的操作系统不能运行自己的应用程序的问题。自己的系统还问题多多，更别提与 IBM PC 的兼容了。当年，苹果输掉个人电脑大战，兼容性是其中一个重要原因。

不过，对于战略家史蒂夫·乔布斯来说，大胆追寻未来所必须付出的代价，也许都算不了什么。当年，苹果的确在时机把握、技术过渡、兼容性等问题上栽过跟头，但今天的世界完全不同了。技术演变越来越快，一项技术刚一成熟，就恨不得被新兴的技术立即取代。互联网的发展也让操作系统之间、操作系统与应用程序之间的兼容性问题，不再像当年那样敏感。在互联网时代，看得远、看得准、选好出手时机，远比稳妥、周全、细致更重要。

有人问，这种领先 3 到 5 年的战略眼光到底有什么用？只要看一看过去几年里，苹果、微软、谷歌和 IBM 股价走势的对比图就会知道，这样的战略眼光就意味着赢利和增值！过去几年，微软、IBM 都发布过什么样的产品？这些产品中有哪些是代表未来技术的？微软和 IBM 这样的 IT 巨人也许可以平稳经营，但只要没有史蒂夫·乔布斯的战略眼光，股价就只能是静若止水。即便是不断推出新一代搜索技术、Android 手机操作系统和 Chrome 浏览器的谷歌，同期的股价增幅也远低于苹果。

永远领先同行 3 到 5 年，意味着苹果可以始终站在产业生态环境的最顶端，坐享丰厚的利润。永不停息的自我超越，意味着苹果可以定义并“强迫”人们奔赴未来。至少目前，还没有任何一家其他公司可以做到这一点。

当然，史蒂夫·乔布斯在准确洞察未来的同时，也会用他缜密的思考判断一项未来技术是否适合变成产品。根据曾任苹果销售总监戴维索伯塔（DavidSobotta）的回忆，2002 年微软的平板电脑概念正被炒得火热时，曾有人劝说史蒂夫·乔布斯研发针对专业人士的平板电脑。史蒂夫·乔布斯拒绝了对方的提议，他所列举的原因是：

“首先，这不是一个很大的市场。尽管包括惠普、宏在内的 PC 巨头试图打开这一市场，连盖茨也大胆预言，平板电脑将在 5 年内成为美国最畅销的电脑，但相对于每年销量两亿台的个人电脑市场，平板电脑以万台计的年销量微不足道。其次，如果平板电脑主要是针对专业人士的，如美术、医疗等领域的用户，它可能遇到几种技术瓶颈：其一，没有任何无线网络能够足够快地在平板电脑上传输专业图像；其二，平板电脑的显示达不到专业标准。”

史蒂夫·乔布斯总结说：“苹果公司更乐于去定义一个新市场，而不是参与到众多公司为一款前景难料的产品制造生存空间的战争中去。”

核心优先　标准至上

1999 年，互联网的兴起，引发了一系列商业理念和消费观念的地震，门户网站、网络游戏、邮箱、视频聊天、网上购物、搜索引擎等新兴行业兴起，造就了一个又一个 IT 财富神话。这让史蒂夫·乔布斯看到了苹果复兴的希望，他抓住了这个机会，推出了可以上网的 iMac 和 Mac OS X 操作系统。

而且，史蒂夫·乔布斯再也不会重犯在 PC 时代曾经犯过的错误，他不仅抓住机会，而且还凭借苹果在硬件、软件研发上积累下来的核心技术和综合实力，做一个移动互联网时代的潮流引导者和标准制订者。

史蒂夫·乔布斯认为："我们最具前瞻性的观点之一，就是不要涉足任何我们不具备核心技术的领域，这样你会被杀得片甲不留。

"我们意识到，对于绝大多数——或许是全部未来的消费类电子产品而言，软件都将是核心技术。而我们在软件领域实在是得心应手。我们会做操作系统；我们会做 iTunes 这样能够同时在 PC 和 Mac 上运行的程序；我们会做嵌于设备内部的程序，让你放进 iPod 和 iPhone 里面；我们还会做运行于悄无声息之中的后端软件，比如 iTunes。

“我们可以编写各种各样的软件，让它们交织在一起并无缝地协同工作。现在你问问你自己，还有哪些其他公司可以做这件事情？肯定寥寥无几。在发现了人们讨厌自己手机的事实之后，我们对自己的手机产品变得极端兴奋，原因在于，我们没发现还有谁有能力做出这样的壮举。没有任何一个掌上设备制造商在软件领域有实力可言。”

2007 年，史蒂夫·乔布斯将苹果电脑公司更名为苹果公司，这样的改变无疑在表明苹果公司转型的决心，不再拘泥于个人计算机领域，而是要挺进更为广阔的消费电子领域。所以才有了 iPhone 和 iPad。当史蒂夫·乔布斯凭借移动设备终端的初步胜利体会战胜比尔·盖茨的快乐时，他当然有充足的理由继续其“移动战略”，再加上苹果拥有与之捆绑的软件系统。所以，在 iPad 的发布会上，他更是公开宣称：“苹果是一家移动设备制造商——这就是我们现在在做的事情！”他还直言，iPhone、iPod 和 iMac 每年给公司带来的销售额高达 500 亿美元，这也就意味着苹果公司已经成为世界上最大的移动设备制造商。

事实确如史蒂夫·乔布斯所言：“计算机行业正在发生一场巨大变迁，个人计算机的鼎盛时代已经过去，正在被移动设备取代。”

随着 iPhone 的兴起，其在 2007 年的销售额为 6.31 亿美元，2010 年达到 210 亿美元。而与 iPhone 的火爆相比，苹果电脑的销售却在减缓，根据权威机构预测，2010 年苹果在移动设备方面的收入将占整个业务的至少一半，是苹果电脑销售额的 2 倍。

同时，互联网时代是一个内容为王的时代，像雅虎、Google、亚马逊这样的巨无霸都是通过提供内容起家的。同样，在移动时代，内容产业方面仍然蕴藏着惊人的财富。如果把移动互联网比作一个移动的高速公路，接下来所有想赚钱的企业势必会考虑在这个移动的高速公路上到底应该跑什么车。

随着网速的加快和手机上网的便捷，消费者将需要更多的内容产品，不管是在线阅读还是在线视频，都有着更为广泛的发展空间。而现有的内容提供商所提供的内容产品明显是不够且缺乏创意的。在这个内容为王的时代，只要你有好点子，好创意，就可以像当初的硅谷一样赚到你不可想象的财富。关键的问题是，到底什么样的内容才能吸引消费者?

在数字内容方面，史蒂夫·乔布斯也是始作俑者，第一个找到了吸引消费者的“完美内容”。苹果不仅拥有自己的在线音乐商店 iTunes，同时拥有软件应用程序商店 App Store，史蒂夫·乔布斯还巧妙地将电脑新技术应用到了动画领域，他所拥有的皮克斯公司推出了《玩具总动员》、《海底总动员》、《怪物公司》等脍炙人口的动画电影，而这些同样是数字内容。在拥有强大的数字内容做后盾后，苹果在移动互联网时代取得先机理所当然。

苹果在移动时代 App Store+iPhone 模式的成功，也证明了在移动互联网时代，内容产业的商业发展模式绝不仅仅是现有模式的延伸和发展，它会兴起和互联网时代完全不一样的商业模式。比如苹果的 App Store+iPhone 模式，这是目前最被看好和最赚钱的商业模式，甚至有人评论这种模式的意义“不亚于 1990 年 Windows 3.0 的视窗操作开启 PC 时代和 1995 年 Netscape 让 PC 可以上网冲浪”。

由于苹果产品操控着移动互联时代全方位覆盖的核心技术与行业标准，具备了绝对的话语权，而不会像单纯的硬件商或软件商或内容提供商那样受制于人，比如微软新开发一个软件系统，需要新的硬件支持，如果硬件厂商没有及时跟进，微软就不能从新产品中获益。苹果则不会出现这样的问题。

而且在产品的开发过程中，严密控制着各项技术环节的苹果也更容易控制产品的质量，让那些企图跟进或者盗版的人无从下手。苹果产品上运行的都是正版的程序，这自然会让产品更加稳定。而且，苹果只有两三种产品系列，大部分电脑硬件都一样，这自然会让其提供的软件产品更加稳定。但是，微软却要给成千上万个像戴尔那样的公司提供软件产品，微软的软件产品必须支持很多种不同的硬件平台。由于存在的太多变量，使得微软的产品不可能像苹果那样运行稳定。

同时，苹果不仅通过销售硬件赚钱，还通过出售软件和内容获得源源不断的收入。比如 iPad 的赢利模式。尽管一台 iPad 的售价只有 499 美元，但可千万别以为苹果的赢利点只在这区区的 499 美元上。iPad 采用的是同 iPhone 一样的操作系统，这套系统现在还没有被破解，这就意味着购买 iPad 的用户只能购买正版软件，从 App Store 下载软件使用。虽然苹果的 App Sotre 也提供免费的软件和游戏，但真正好用的软件和好玩的游戏都需要付费购买。

与 iPod 和 iPhone 一样，用 iPad 收听音乐，也必须要通过 iTunes 下载。在 iTunes 里，苹果为用户提供了最快、最新的歌曲，在这里，用户可以找到自己想要的一切音乐。当然这是要收费的，一般一张专辑的价格在 9.99 美元左右，新专辑的价格则在 10 美元以上。iPad 的另一个赢利点还在于其在 iBooks 上销售的正版电子书。亚马逊推出的电子书无疑是近两年最热门的电子产品之一，它改变了人们阅读书籍的习惯。苹果也看准了这个市场，在 iPad 上设置了 iBooks 功能，通过 iBooks，用户可以链接到苹果官网购买正版书籍。

另外，苹果还控制着 iPad 上的一切，它所用的 ARM 处理器是自己制造的，随着 Apple A4 Chip 的推出，可以看出苹果正在试图研发更多的硬件芯片。再比如 iPad 上的所有配件也必须在苹果专卖店购买，市场上并没有与之相配的产品。比如 iPad 的皮包是用户必然要购买的，这个皮包价值 39 美元。iPad

还配置了一个 iPad Dock 底座，这个底座不仅可以为 iPad 充电，还可以把 iPad 竖着摆放，是非常有用的配件。但要购买这个配件需要 29 美元。再比如，如果你想用 iPad 做更多的文字处理工作，就必须要买一个 iPad 键盘，这个键盘需要 69 美元。如果用户仅仅把以上这三个必需配件购买齐全，就会发现原来 499 美元的售价已经猛增到 636 美元。

甚至，苹果还能通过不同产品间的组合，可以轻松获利。比如 iTunes+iPod 模式，iPhone+App Store 模式，iPad+iTunes+App Store+iBooks 模式，这样的组合可以同时促进硬件和软件以及内容的销售。而史蒂夫·乔布斯所做的，仅仅是坐等收钱。以 iTunes+iPod 模式为例，2008 年苹果销售 iPod 的硬件收入为 91.5 亿美元，iTunes 音乐下载总营业额约 24 亿美元，苹果得到分成收入大约为 5 亿美元。再比如 iPhone+App Store 模式，从 2007 年 iPhone 上市以来，累计销售已经超过 5000 万部，而在 App Store 里的软件总下载量已经超过 20 亿次，尽管一个软件或者一款游戏的下载收费至多几十美元，但是在移动互联网时代，没有人会忽视这条无限长的“尾巴”。

更为重要的是，在这样的组合中，可以相互促进销售，比如 iPhone 可以让更多用户下载 App Store 中的内容和应用，而当用户习惯了 App Store，他们自然会接着购买苹果的其他产品。

这种技术组合与技术捆绑也使得 iPod 已经不像当初的随身

听一样，只是一个单纯的播放器了。它真正吸引人的地方以及不能被取代的地方在于它所提供的完美内容，而这是苹果公司通过长期积累得来的。一个小小的 iPod 身上承载着太多的东西，就像一位分管 iPod 部分业务的高级副总裁所说的："iPod 要比随身听更难仿造，它是不同要素构成的整个电子系统，这些要素相互协作，如硬件、软件以及我们的 iTunes 网上音乐商店。"正因如此，Zune 并没有成为 iPod 杀手。

也就是说，在移动互联时代，苹果既是硬件商，又是软件商，还是数字内容提供商，可以说是集成了所有领域的核心技术，而这对传统的硬件商、软件商、移动设备生产商和互联内容提供商等在各自领域曾经辉煌一时的领头羊们，如 IBM、微软、诺基亚、谷歌等来说，或多或少都存在瘸腿。所以，随着苹果公司在移动硬件设备竞争中掌控了话语权，很多开发者已经转向"苹果标准"，他们在开发软件时首先想到的就是：这套软件能否在苹果公司的平台上运行！

追求极致的简约

Steve Jobs

在产品设计理念上，史蒂夫·乔布斯一直把达·芬奇的“至繁归于至简”奉为圭臬，他反复强调苹果公司的产品会是干净而简洁的：

“我们会把产品做得光亮又纯净，能展现高科技感，而不是一味使用黑色、黑色、黑色，满是沉重的工业感，就像索尼那样。”他强调，“我们的设计思想就是：极致的简约，我们追求的是能让产品达到在现代艺术博物馆展出的品质。我们管理公司、设计产品、广告宣传的理念就是一句话：让我们做得简单一点，真正的简单。”

史蒂夫·乔布斯认为，简约化设计的一个核心要素就是让人能直观地感觉到它的简单易用。设计上的简单并不总能带来操作上的简易。有时候，设计得太漂亮、太简化，用户用起来反而不会那么得心应手。“我们作设计的时候，最重要的事情就是让产品特性一目了然。”史蒂夫·乔布斯告诉一群设计专家。作为例子，他高度赞扬自己为麦金塔电脑创造的桌面概念：

"人们直观上就知道该怎么处理桌面。你走进办公室，桌子上有一堆文件。放在最上面的就是最重要的。人们知道怎样转换优先级。我们在设计电脑的时候引入桌面这个概念，一定程度上就是想充分利用人们已经拥有的这一经验。"

在苹果，史蒂夫·乔布斯的一项主要工作就是驳回一切复杂的设计。他就像个过滤器。每天都会有大量的新产品、新点子呈现在史蒂夫·乔布斯面前，他的回答基本上是"不"。史蒂夫·乔布斯说"不"，因为他厌恶复杂的事物。对新产品、新功能说"不"可以维持较低的生产成本，赢得很高的利润率；去掉某些功能也有利于为产品的下一代造势，省略某些功能的最大好处是，消费者会对它们变得更加渴望，当你在新版本中满足了某些要求，甚至能让他们更快乐——这正是史蒂夫·乔布斯的设计理念：造型优美，但不能华而不实，同时还要充满乐趣。他崇尚极简派的设计风格，这源自他作为一名佛教禅宗信徒对简单的热爱，同时他又竭力避免陷入过度的简单而让产品显得冷冰冰的，要使产品的趣味感得以保留。

自从在第一本苹果手册里宣称"至繁归于至简"以来，史蒂夫·乔布斯就以追求简洁为目标。追求简洁不是要忽视复杂性，而是要化繁为简。他认为，"要把一件东西变得简单，还要真正地认识到潜在的挑战，并找出漂亮的解决方案。这需要付出很多努力。"

然而在苹果设计师艾弗那里，史蒂夫·乔布斯终于找到了自己的“灵魂伴侣”。他要的是真正意义上的简洁，而不是表面功夫。

有一次，艾弗坐在他的设计工作室里，表达了他对简洁的看法：为什么我们认为简单就是好呢？因为对于一个有形的产品来说，我们喜欢那种控制它们的感觉。如果在复杂中有规律可循，你也可以让产品听从于你。简洁并不仅仅是视觉上的，也不仅仅是把杂乱无章的东西变少或抹掉，而是要挖掘复杂性的深度。要想获得简洁，你就必须要挖得足够深。打个比方，如果你是为了在产品上不装螺丝钉，那你最后可能会造出一个极其繁琐复杂的东西。更好的方式，是更深刻地理解“简洁”一词，理解它的每一个部分，以及它是如何制造的。你必须深刻地把握产品的精髓，从而判断出哪些不重要的部件是可以拿掉的。

艾弗曾经这样描述苹果 Power Mac 系列：“只要不是绝对必需的部件，我们都会想办法去掉，为达成这一目标，就需要设计师、产品开发人员、工程师以及制作团队的通力合作。我们一次次地返回到最初，不断问自己：‘我们需要那个部分吗？我们能用它实现其他部分的功能吗？’”

这也正是史蒂夫·乔布斯所认同的基本原则：设计不仅是关于产品的外观，而且必须要反映出产品的精髓，才能做到浑然天成。如此一来，苹果公司的产品设计过程就和工程及制造结合到了一起。

设计 Mac OS X 界面的时候，史蒂夫·乔布斯将设计重点集中于尽量简化界面。例如，在老版 Mac OS 系统中，大部分设置都被掩藏在无数的系统扩展名、控制面板菜单以及各种组成部分的特殊对话框中。过去，建立网络连接需要多达 6 个地方的设置。为了简化这一切，史蒂夫·乔布斯要求将尽可能多地设置汇集在一起，并将其放在一个“系统偏好”框中，而这种“系统偏好”框则放进了“Dock”导航元素中。Dock 是一种位于屏幕底端的加载有图标的条状元素。它是经常使用的应用程序和系统回收站的总部所在地，能够收纳各种各样的东西，从常用文件夹到脚本迷你程序。

史蒂夫·乔布斯讨厌同时打开好几个窗口。每次打开一个新的文件夹或文件，就会出现一个新窗口。很快，屏幕就会被层层叠叠的窗口所覆盖。因此，设计师创造了一种特殊的“单一视窗”模式。所有东西都在同一个窗口展现，不管用户操作的是哪个软件程序。窗口可以显示电子数据表、文本文件或数码照片。效果与在一个网页浏览窗口中，从一个网站跳到另一个网站非常相似；唯一的区别在于，这是存储在本地硬盘上文件之间的相互跳跃。

该系统运作非常好，但常常需要调整窗口大小才能显示不同类型的文件。处理文本文件的时候，为了便于上下滚动文件，最好是将窗口调整为窄、薄状。但是，如果用户打开的是风景图片的话，则一定要将窗口调宽。

这并不是最大的问题。最令史蒂夫·乔布斯不满的是，该系统要求设计师在视窗工具栏中设置一个专门的开关按钮。为了达到简化的目的，史蒂夫·乔布斯决定去掉这一按钮。他能够忍受不断调节窗口大小，但绝对无法容忍这一额外按钮，它使菜单栏拥挤混乱。“这一额外按钮的功能并没能证明其存在的合理性。”瑞茨拉夫说。

在进行新界面研发的过程中，史蒂夫·乔布斯有时候会提出一些看起来几乎疯狂的想法，但后来事实证明，那确实是非常不错的想法。有一次开会的时候，他非常仔细地查看了每个窗口左上角的三个小按钮，这三个按钮的功能分别为关闭、缩小和放大窗口。设计师将所有这些按钮都设计成了相同的浅灰色，目的是为了防止它们分散用户的注意力，但是很难区分这些按钮各自不同的功能。有人建议，在光标移到这些按钮上的时候，应该通过触发所设计的动画来说明它们的功能。

但史蒂夫·乔布斯提出了一个非常奇怪的建议：应该像交通灯一样，给这些按钮加上颜色：红色表示关闭窗口，黄色表示缩小窗口，而绿色则表示放大窗口。设计师说：“听到这一建议的时候，我们都觉得将交通红绿灯与计算机联系起来真是太奇怪了。”但是，过了没多久，“我们就发现他确实是对的。”

的确，苹果电脑上的按钮界面都设计得很酷，甚至让人“恨不得舔一下”。这种策略被专业人士称为“触发点”管理。

就如 IDEO 公司的总经理汤姆·凯利所言：睿智的体验建构

师知道如何集中火力。如果一开始就想全面改进产品或服务，那么最终恐怕会使公司的产品昂贵得让大部分消费者负担不起，或者因产品的特色不集中而难以让人体会到它的全部优点。因此，您首先要问：对于客户而言，真正重要的是什么？出现在答案中的事物可能看起来是很次要的东西，可能不合常理，可能不易理解，也可能完全出人意料。但是，找到这个答案对我们的成功来说通常至关重要。它一般只是一两个基本的元素，我们将之称为“触发点”。

打动人的东西实际上并不复杂，而且很简单。

另外，也正源于极致简约的原则，史蒂夫·乔布斯总是倾向于对各种技术和功能进行整合，给顾客提供便捷易用的产品。正如史蒂夫·乔布斯在接受《时代》杂志采访时说：“我们是唯一一家掌握全部设备的公司——硬件、软件、操作系统。我们能够为用户体验负全部的责任。我们能做到其他公司做不到的事情。苹果在数字中枢战略中的第一个突破是对视频的整合。我们是第一个这样做的公司。”

但他从来不会增加与产品本身没有关系的额外功能，从来不会仅仅因为可以很轻易在产品中加入某些特征而这样做。事实上，正好相反。史蒂夫·乔布斯会不断降低产品的复杂性，使这些产品尽可能简单和易于使用。苹果公司的很多产品都是从用户的角度进行设计的。

以 2001 年推出的 iTunes 网上音乐商店为例，当时网上免费下载正处于最流行的时候，很多人都问网上商店如何与盗版竞争。在可以免费获得同一首歌的情况下，人们为什么会花1美元购买这首歌？史蒂夫·乔布斯的回答是“顾客体验”。音乐迷无需在音乐下载的网络上浪费时间找歌，他们只需登录iTunes网上音乐商店点击一下鼠标就可以购买到自己想要的音乐。质量与可靠性都有保障，同时也很方便，只需轻轻点击一下即可。

很显然，因为简单，所以方便。有趣的是，这种简化（一种几近毫无顾忌的简化）以及苹果公司公开宣传这种简化居然造就了一种十分与众不同的产品形象。

史蒂夫·乔布斯骨子里是一个简约主义者。这个天性在很早就暴露无遗了。史考利就曾说过：“史蒂夫·乔布斯的方法论区别于其他所有人的地方在于，他总是相信你所做的最重要的决定不是你去做什么，而是你不去做什么。他是一个简约主义者。”

在微软，设计师们试图平衡的是简约和功能之间的关系：当新增的特性破坏了原本的简约设计，但由此给程序或设备带来更多功能时，微软的设计师总是倾向于保留这样的特性。

但在苹果，设计师们思考问题的方法截然相反，他们平衡的是用户体验和复杂性之间的关系：当新增的特性引入了复杂性并伤害了原本简约、流畅的用户体验时，苹果的设计师宁可放弃附加功能，也要保证用户体验的完美。

于是，多年来，苹果电脑配置的鼠标一直都特立独行，只有一个按键，与 IBM PC 阵营的两键、三键鼠标截然不同。初学者总是抱怨 IBM PC 的两键、三键鼠标难以掌控，不清楚每个按键的目的何在；而电脑高手却恰恰相反，总是抱怨苹果的单键鼠标很难快速实现特定功能，要模拟右键单击等操作还需要键盘上的控制键配合。

两种设计体系，两种风格的鼠标一直并存，在这个领域，没有谁真的胜出，他们分别代表的是两个完全不同的思维模式。直到近年来，苹果在电脑上开始大量使用多点触摸板代替传统的鼠标，推动着图形用户界面领域的又一次重要变革。反观 PC 阵营，鼠标的设计还停留在两键、三键时代，任由苹果在前面绝尘而去。

在设计 iPod 时，艾弗就说："从某种意义上看，我们真正在做的，是在设计中不断做减法。"这种减法设计的思想贯穿了 iPod 产品设计的始终。除了不提供开关键以外，iPod 还把全部 4 个功能键都集中在中央转轮上，整个播放器没有任何多余的操控界面。

到了研发 iPhone 时，因为多点触控显示屏的引入，史蒂夫·乔布斯和艾弗有可能把用户可操作的元素减少到最少。史蒂夫·乔布斯反复对设计团队说，已有的所有手机都太复杂，太难操作了，苹果需要一款简约到极致的手机。

于是，史蒂夫·乔布斯在设计 iPhone 的最初阶段，就给设计团队下达了一个死命令：iPhone 手机面板上只需要一个控制键。

设计师和工程师绞尽脑汁，也想不出如何用一个控制键完成所有操作功能。他们一次次跑到史蒂夫·乔布斯面前，陈述手机面板上必须有多个按键的理由。每周的设计评审会议上，都会有人对史蒂夫·乔布斯说：“这不可能。”

史蒂夫·乔布斯就像聋子一样，对这些哭诉充耳不闻。他只是淡淡地说：“iPhone 面板上将只有一个按键。去搞定它。”

没有人知道史蒂夫·乔布斯为什么这么笃定一定有一种好的单键解决方案。也许，史蒂夫·乔布斯当时只是扮演了一个顾客的角色，他只是用他特有的方式，向设计师和工程师索要一种最酷、最简约，真的能改变世界的产品。

用精英　出精品

史蒂夫·乔布斯判断世界万物的标准只有两种：产品要么是“精品”，要么是“垃圾”；员工要么是天才，要么就是笨蛋；而他所做的工作就是为苹果留住精英，生产精品，开除笨蛋，清除垃圾。

在苹果，不管做什么，都要找到业内最优秀的人才，然后组织他们一起工作。而他所做的重要的事情，就是将他们聚集到一起。为此，他在苹果专门成立了一个 A 级工作组，这个工作组人员很少，都是特别精选的设计师、程序员和管理人员。他们负责苹果最重要的产品的研发工作。史蒂夫·乔布斯认为，小型的 A 级工作组要比大量的工程师和设计师更加有效。

正如他自己所说的：“我一直认为，我工作的一部分就是保持我所在组织的员工的高水平。这是我认为我个人可以为之贡献的少数事情之一——为组织慢慢灌输其拥有‘A 级’参与者的目标。在寻求世界上最优秀的人才方面，我做的每一件事都是值得的。”

与此同时，史蒂夫·乔布斯还在毫不留地做着一件事情，开除他所认为的“笨蛋”。因为“当你发现有些员工并非最优秀的人才而不得不开除他们时，这是一件非常痛苦的事情，但这就是我的工作：开除一些不合格的人，我一直都非常讨厌以仁慈的方式做这件事情。不管怎么样，这件事一定要做，尽管从来都不有趣。”

在史蒂夫·乔布斯看来，“糟糕的出租车司机与优秀的出租车司机之间并没有大的区别，糟糕的酒店厨师与优秀的酒店厨师之间也没有什么大的区别。但是，在工业设计或者编写程序方面，优秀与糟糕之间的区别却非常大。好的设计师要比糟糕的设计师好上 100 倍甚至 200 倍。在编写程序方面，优秀程序员与普通程序员之间也有着很大的差别。”

史蒂夫·乔布斯一直努力寻找某一特定领域的最优人才，并使他们成为公司员工，正是这种作风，使得史蒂夫·乔布斯传出健康问题后，《财富》杂志曾列出了他的 11 个可能的接班人。

先看看排名第一号的蒂姆·库克，他是苹果公司的 COO。库克曾经在 IBM 和康柏公司任职 12 年。库克不仅是 Mac 部门主管，同时还负责全球销售和运营，包括苹果公司供应链点对点的管理、销售活动，以及在全球各地市场的服务与支持工作。

看看另一个热门人选托尼·法戴尔（Tony Fadell），他是 iPod 部门高级副总裁。在加入苹果之前，法戴尔在飞利浦电子公司工作。他曾有过将类似 Napster 的网络商店与硬盘式 MP3

播放器结合起来的想法，但是没有受到硅谷的重视。不过，苹果公司接受了这一创意，并任命他负责开发第一台 iPod。目前，法戴尔负责苹果公司最重要三款产品中的两款：iPod 和 iPhone。

再看看第三个热门人选罗恩·约翰逊，苹果公司零售部门高级副总裁。2000 年之前，约翰逊是美国零售业巨头塔吉特（Target）的销售明星。在加入苹果公司之后，他取得了更大的成就，建立了全球最好的连锁式零售商店。

所要指出的是，这三个人都是史蒂夫·乔布斯从外界挖来的，史蒂夫·乔布斯在使用“空降兵”上似乎有非凡的力量。

精英作为一个企业特别是 IT 类企业的核心资产，一直被苹果公司所重视，甚至偏执的苹果只雇佣精英。这些精英在苹果公司内部被称为 A+ 团队，苹果领导者的核心工作之一是不断地打造 A+ 团队并淘汰 B/C 类团队。

对于苹果公司来讲，真正的精英是在某一个领域最优秀的人才，但更是能够将科技和客户创新完美融合的混合体。苹果公司拥有全球最强大的技术力量，但公司管理层却和大家一起去研究奔驰车的线条构成，索尼公司的产品质地；员工一起去参观博物馆和展览馆，包括参观新艺术派大师路易斯·康福特·蒂凡尼的作品展，探讨艺术作品的商业化历程；考察弗兰克·劳埃德·莱特位于宾夕法尼亚的流水别墅，学习建筑设计理念以便应用于科技产品；和员工探讨年轻人，探讨当前时代的趋势和消费心态的变化，以便更好地让普通人接受全新的科技。所有地这些工作，目的都是为了让精英们能够将科技和创新完美整合，推进苹果产品体验的持续提升。

在苹果的流程和体制上，苹果力求为精英文化扫除一切障碍。设计师、工程师、管理者等不同角色能够在一起办公，在一个会议上解决各类问题。当优秀的创意产生时，哪怕是在深夜，也可以立刻拨通所有人的电话，立刻将创意变成产品。

苹果公司深信精英文化，这种“苹果的工作是独一无二的”文化，使得苹果公司在全球最佳雇主排行榜上都名列前茅。A+团队也用自身的创造力完美地诠释了“生产让客户难忘的体验”，证明了自身相对优秀几十倍的事实。

也正因为如此，与其说苹果是一家公司，不如说它是一家艺术家俱乐部。因为只有艺术家才会接受像史蒂夫·乔布斯那样对人、对产品几近残酷的精英主义和完美主义主张。

跟史蒂夫·乔布斯无法容忍公司里有笨蛋存在一样，他也不可能允许自己公司推出的产品是大路货。所以，当很多企业都忙不迭地推出自己的新产品，试图抢占市场时，苹果还在像个“艺术家俱乐部”一样打磨自己的“艺术品”，有人将苹果的设计师和工程师称之为“艺匠”，因为只有艺匠才会不计时间、不计成本地打磨自己的作品，直到成为“光可鉴人”、令消费者爱不释手的“艺术精品”。

所以，尽管 iPod 除了有可能吸引更多消费者的“酷”的外形，并没有提供更好的音乐收听技术，依然能够成为满街都是的音乐播放器，很大原因正在于史蒂夫·乔布斯的精品意识。再比如 iPhone，在 iPhone 之前，智能手机已经成为很多人的必需品。可是，史蒂夫·乔布斯在用过几部智能手机后，却认为如果苹果此时进入还有很大成功的机会，原因就在于市场上买到的智能手机都不是精品。就像他所抱怨的："我们都有手机，它们实在不太好用。软件糟糕透顶，硬件也不怎么样。我们和朋友聊起来，他们也都不喜欢自己的手机。而且我们发现，这些因素实际上可以变得非常强大。这是个巨大的市场。我的意思是，每年的手机出货量有 10 亿部，这是数量巨大的订单，超过了音乐播放器。它每年的出货量是个人计算机的 4 倍。"

正是因为不满意市场上的手机，史蒂夫·乔布斯才提出苹果要研发一部让人"一见钟情"的手机。iPhone 手机有着靓丽的外表，天生就是明星产品，而且苹果还掌控着稳定的操作系统，这些都是 iPhone 受到热捧的原因。其实，如果拿 iPhone 手机和市场上的其他手机做比较，也许你会惊讶地发现，iPhone 与其他手机并没有本质上的区别，它的迷人之处就在于细节上的完美。

当一个市场进入到竞争充分的时期时，像苹果那样做精品更容易成功。因为这样做，苹果产品就可以和其他产品区分开来，形成自身独有的竞争优势，进而占领细分市场。

更为重要的是，苹果通过推出的 iMac、iPod、iPhone 等精品，俨然已经成为精品的代名词。每次苹果推出的产品都取得了很好的销售业绩，并且经久不衰，比如苹果在 2001 年推出的 iPod，它的升级版本至今仍在热销。此时，苹果产品不再仅仅是一个电子产品，而是代表一种精品文化，一种追求完美的身份，一种品位，人们就是愿意花钱购买，就像史蒂夫·乔布斯所说的："我们的目标并不在于制造出市场上最廉价的产品，而是制造出最优秀的产品。"

在此，请记住史蒂夫·乔布斯的名言："这辈子没法做太多事情，所以每一件都要做到精彩绝仑。"而这也正是苹果成为全球最有价值公司的关键所在。

认准目标　孤注一掷

Steve Jobs

每年，史蒂夫·乔布斯都会带着他最有价值的员工进行一次百杰外出集思会。这 100 名员工是这样被选出来的：如果你只能带上 100 人跳上救生船去开创下一家公司，你会带上谁？在每一次秘密会议结束时，史蒂夫·乔布斯会站在一块白板前问大家："我们下一步应该做的十件事情是什么？"

人们会互相争论，提出自己的建议，而史蒂夫·乔布斯则把这些建议写下来，然后再删掉那些他认为愚蠢的。几轮辩论下来，整个小组将最终确定前十大“最应该做的事”。

然后，史蒂夫·乔布斯再把最后七件全部画掉，宣布：“我们只能做前三件。”

到了 2001 年，史蒂夫·乔布斯白板上的“下一步做什么”清单中又多了一些新的可能性。

当时，互联网泡沫破裂了，纳斯达克指数也比最牛时下降了超过 50%，数字领域被蒙上了一层阴影。就在这个时候，史蒂夫·乔布斯宣布了一项新的重大战略，这不仅将改变苹果，也将影响到整个技术产业——个人计算机不会成为边缘化的副线产品，而将成为一个“数字中枢”，整合各种数字设备，包括音乐播放器、录像机，以及相机。你可以用计算机连接并同步所有这些设备，它也可以管理你的音乐、图片、视频、信息，以及史蒂夫·乔布斯称为“数字生活方式”所包含的方方面面。

史蒂夫·乔布斯在年近 30 岁时一直在思考一个问题：为何人在 30 多岁后就会变得思维僵化，缺乏创新意识，并曾为此作过一个关于唱片的比喻：“人们被卡在这些固有的形式中，就像唱片中某一段固定的凹槽，他们永远无法摆脱出来。当然，有些人天生就有强烈的好奇心，永远有一颗孩子般的心，可惜这样的人太稀少了。”

45 岁时，站在人文和科技的交叉点上，热爱音乐、图片和视频的史蒂夫·乔布斯决定从他的凹槽中跳出来，因为他清楚地预见到了未来的数字革命，并准备全身心投入到这一潮流之中。

在史蒂夫·乔布斯看来，数字中枢的本质就是把我们对创意艺术的欣赏和伟大的工程技术结合起来。史蒂夫·乔布斯在很多次产品介绍的最后都会展示一个简单的页面：上面有一个路标，标示着“人文”和“科技”的十字路口——他正处在这个位置，而且也是基于此，他才先人一步，有了对数字中枢的设想——把产品的所有部分都整合在一起，从硬件到软件，从内容到营销。

这对于苹果这样一个整合了计算机、数字设备和软件的公司来说，史蒂夫·乔布斯拥有绝对的优势。这也将意味着移动设备中的内容可以和计算机无缝连接，受其控制……

“孤注一掷”是他最喜欢的词之一，他也愿意把这个词用在他的这一新构想上。

当其他科技公司减少对新产品的投入，削减开支的时候，苹果反而决定继续投资。把投资集中在研发上面，发明出一些新东西，待到低潮期过去，苹果将会全面领先于竞争对手。结果，确实造就了苹果公司持续创新最辉煌的十年。

所以，苹果在请 Adobe 帮助开发视频软件遭拒绝后，史蒂夫·乔布斯下定决心：要对所涉足的系统领域内的所有关键元素和技术实施控制，加大研发力度和范围，以免受制于人。从那以后，苹果先后为 Mac 操作系统制作了许多目标用户定位在横跨艺术和科技交汇处的应用程序，比如数字视频编辑软件 Final Cut Pro，为入门级用户开发的 iMovie，制作视频或音乐光碟的 iDVD，与 Adobe 竞争的照片编辑软件 iPhoto（本想），用于音乐制作和混音的工具“车库乐队”，管理歌曲的 iTunes，以及购买歌曲的 iTimes 商店。

数字中枢的创意很快便随之清晰起来：

如果计算机成为一个中心，还可以使便携式设备变得更简单。这些数字设备中的很多功能——比如编辑视频或图片——都不太好用，因为屏幕太小了，很不适合功能太多的菜单。计算机就可以简单地解决这些问题。

如果将设备、计算机、软件、应用程序、火线整合到一起，就能让上述功能发挥得更好。而这个方案更绝妙之处在于，苹果是唯一一家提供这种整合方案的公司。微软做软件，戴尔和康柏做硬件，索尼生产数字设备，Adobe 开发应用程序。但是只有苹果把这些整合到了一起。和往常一样，史蒂夫·乔布斯格外关注为用户制造出尽可能简单的产品，这也是成功的关键。

不久，史蒂夫·乔布斯就意识到音乐将是一笔大生意。2000 年时，人们正热衷于把音乐从 CD 拷贝到计算机上，或者从文件分享服务商那里下载音乐，然后把自己挑选的音乐刻录进空白 CD。那一年，美国的空白 CD 销量达到了 3.2 亿张，而美国总人口也只不过 2.81 亿人。这说明，有一些人非常喜欢刻录 CD，但是苹果却无法满足这一人群的需求。

史蒂夫·乔布斯在 iMac 上加了一个 CD 刻录光驱，但这还不够。他的目标是把这一过程变得更简单：从 CD 上传输音乐到计算机，用计算机管理音乐，然后刻录。当时，虽然已经有其他公司在制作一些音乐管理软件，但史蒂夫·乔布斯发现这些软件既笨拙又复杂，就算是天才也只能搞明白其中一半的功能，于是便有了 iTunes 音乐管理软件。

作为数字中枢战略的一部分，史蒂夫·乔布斯在 2001 年 1 月的 Macworld 大会上发布了 iTunes，让所有苹果机用户都可以免费使用该软件。他欢呼说："和 iTunes—起加入音乐革命吧，它可以把你的音乐设备的价值增加十倍！"他的结束语引发了热烈掌声。

由此史蒂夫·乔布斯意识到，苹果可以设计一个和 iTunes 配套的设备，让收听音乐变得更简单。由计算机来完成复杂的任务，而音乐播放器的功能要简单。iPod 因此而诞生了。

2000 年秋天，史蒂夫·乔布斯开始督促设计便携式音乐播放器，但是鲁宾斯坦回应说还缺少一些重要的部件，他让史蒂夫·乔布斯再等一阵子。几个月之后，鲁宾斯坦开始选择合适的液晶屏幕和可充电的锂电池。不过，最大的挑战在于要找到一个尺寸小但存储空间大的硬盘。所以 2001 年 2 月，当东芝公司工程师把一个 1.8 英寸见方、5G 内存的硬盘展示给鲁宾斯坦时，他立刻就想到了该怎么利用它。把 1000 首歌装进口袋！

突然之间，一切都准备就绪了：一张可以承载 1000 首歌曲的芯片；一个可以操控 1000 首歌曲的界面和滚动式转盘；能够在 10 分钟之内下载 1000 首歌的火线连接；还有一块能持续播放 1000 首歌的电池。而且产品的概念也变得简洁诱人——把 1000 首歌曲装进你的口袋。

可是，这 1000 首歌曲从哪儿来？史蒂夫·乔布斯知道，有些歌曲可以从正规购买的 CD 中拷贝，这是合法的，但是还有一些是来自非法下载。仅从做生意的角度考虑，史蒂夫·乔布斯将得益于非法下载——它使用户以更低廉的成本填满自己的 iPod，而且以史蒂夫·乔布斯的反主流文化传统，他也不会对那些因之受损的唱片公司抱有同情。

但是他主张知识产权保护，艺术家们也应当劳有所得。所以，在开发工作接近尾声时，他决定 iPod 只能单向同步。用户可以从计算机里把歌曲转移到 iPod 上，但是不能把 iPod 上的歌曲转移到计算机里。这样就防止人们把已经同步到 iPod 上的歌曲复制给其他人。他还决定，在 iPod 的塑料包装上印一条简明的标语："不要盗版音乐。"

2002 年初，苹果公司遇到了一个挑战。iPod、iTunes 软件和计算机之间的无缝连接固然可以让大家更方便地管理音乐，但是要想得到新的音乐，你还是必须去外面购买 CD，否则便只能在网上下载歌曲——涉足文件分享和盗版服务的灰色地带。所以，史蒂夫·乔布斯决定再给 iPod 用户提供一个简单、安全而且合法的下载音乐的方式。

恰好此时，音乐产业也面临着一个挑战——一系列盗版的侵害，使得 2002 年的正版 CD 的销量下降了 9%，音乐公司的老板迫切需要制定保护数字音乐版权的通用标准，他们想把苹果公司也拉进来。

而史蒂夫·乔布斯却提出创立一个合法的途径，以便大家都会受益。音乐公司能赢利，艺术家能赢利，苹果公司也能赢利，而用户也会有所收获，因为他们既享受到了更好的服务，又不必偷窃。于是，iTunes 网上音乐商店的概念诞生了。

接着史蒂夫·乔布斯便与一些唱片公司进行了很多轮谈判，直到 2003 年，iTunes 商店才开始运作，仅 6 天之内就卖掉了 100 万首乐曲，成了音乐行业运营模式的一个转折点。

(1955—2011)

第三篇

让一切尽在掌握中

史蒂夫·乔布斯重返苹果公司一段时间后，他的专制统治也达到了顶峰。史蒂夫·乔布斯的权威渗透到了公司的方方面面，从禁止吸烟到电视广告策划，几乎所有的事情都在史蒂夫·乔布斯的掌控之中。当时，苹果公司处于岌岌可危的境地，急需一个强有力的领导人来迅速扭转局面，史蒂夫·乔布斯不喜欢解释，也没有时间解释他做出的每一个决定。在这种情况下，粗暴的专制或许是最有效的领导方式。

小而精干的战斗队

Steve Jobs

史蒂夫·乔布斯之所以一直小心翼翼地控制着苹果公司的规模，哪怕是在它已经有着非常可观的市值的情况下，依然让它保持在一个小机构的水平，目的只是为了让他可以实际上完全控制，以保持苹果公司近乎完美的执行力。

有时候当一家公司成长为价值几十亿美元的巨无霸后，不知不觉就失去了梦想。公司高层和基层员工的奋斗激情消退了。那些充满创意的人，真正有着创新激情的人，不得不说服五个级别的高层后，才能做他们梦想的事。有想法的人不再继续干下去，平庸之辈则在公司得过且过。

也就是说当企业达到一定规模时，一种内在的趋向就会取得主导地位。这种趋向就是竭力保持一种稳定的现状，并为此排斥变革。许多人离开工作多年的公司并不是因为他们一心想成为草根创业者。他们辞职的一个重要原因是他们对目前的工作失去了激情。许多富有远见卓识的公司都会倡导“内部企业家精神”，鼓励员工做自己喜欢的事，并从中发现创新的想法。

史蒂夫·乔布斯深谙此道。

在接受《新闻周刊》采访时，史蒂夫·乔布斯说："大家都知道，苹果的团队其实一直秉承了内部企业家精神，它们本质上是一种从车库起家的草根创业精神，只是你创业的地点不是车库而是大公司而已。"

许多人认为，中小企业是富有企业家精神人士的乐园，而内部企业家精神就是倡导在大公司内部培育中小企业的创业精神，模拟创业型企业的积极属性，如灵活性、适应性，创新性等。大公司之所以成为大公司，一般来说也都是从小起步，凭借着创始者的企业家精神，不断突破自身并获得成功的。史蒂夫·乔布斯十分注意培养员工的"内部企业家精神"，他希望员工在大公司的环境中也能保持创业者的作风，敢于大胆想象，冒险创新，为实现自己的梦想而奋斗。

史蒂夫·乔布斯始终信奉的一个信条就是由精英分子组成的小团队通常比资金充裕的大公司更有作为。他认为小型的A级团队要比大量工程师和设计师更有工作效率。史蒂夫·乔布斯曾创立并管理的皮克斯公司倡导的是没有"B"团队，每部电影都是集合最聪明的漫画家、作家和技术人员的最佳努力而成。质量比数量更加重要。史蒂夫·乔布斯相信由顶尖人才组成的一个小团队就能够推动巨轮前行，仅仅拥有较少的这样的顶尖团队就够了。为此，他花费大量精力和时间打电话，寻找那些他耳闻过的最优秀人员，以及那些他认为对于苹果各个职位最合适的人选。

在团队管理上，史蒂夫·乔布斯也极力强调“精简”和“专注”。过多的层级结构会在无形中造成公司内部蛛网密布的人际关系，从而导致人事斗争，这无疑会严重影响员工的工作激情和创意灵感。因此，史蒂夫·乔布斯设立的公司组织结构既精简又高效，以解决问题和完成最完美的设计为目标。

在苹果公司没有森严的等级制度，清洁工也可以直接向史蒂夫·乔布斯提出自己的想法，只要这种想法是正确合理的。史蒂夫·乔布斯非常喜欢善于表达自己观点的人。各个部门的员工都可以通过各种渠道向史蒂夫·乔布斯表达自己对工作的看法。虽然，在产品的开发过程中，史蒂夫·乔布斯参与了很多重要决策的制定，但是苹果公司的决策并不总是自上而下的，头脑风暴是公司最常用的决策方式之一。史蒂夫·乔布斯鼓励大家为产品的设计争论与辩论，因为这种方式最容易产生精准、有创意的想法。在苹果，只听到一种意见是不正常的，如果有必要，那么，你可以直接找合适的人谈谈，而不需要害怕是否越权，因为大家都只有一个共同的目标，那就是以最快最完美的方式解决问题。

源于这种平等作风，与许多企业家不同的是，史蒂夫·乔布斯会去做一些众多别的 CEO 认为自己不需要亲自去做的事。例如修改合作协议、给记者打电话讲述一个他认为非常重要的故事。此外，有别于众多 CEO 的是他很少参加华尔街分析家的研讨会，喜欢按自己的规则办事。在员工的眼中，史蒂夫·乔布斯承担了很多责任，但在很多富于创造性的层面上他又非常放手而不参与。史蒂夫·乔布斯会给员工极大的自由发挥的空间，在公司内倡导一种无拘无束、充满活力的企业文化。以曾经由史蒂夫·乔布斯掌控的皮克斯为例，皮克斯最著名的企业文化就是“以下犯上”。自由自在、愉悦轻松的工作环境，我行我素、稀奇古怪的员工，构成了一种高度个性化的企业文化。在这样的公司，员工们可以随时随地提出他们的创意，实现他们的想法。一位皮克斯员工说：“什么中层、部门、领导，这些词我们统统没有，这就是我们独一无二的地方。”

在苹果公司 iMac、iPod、MacBook 以及 iPhone 等产品的开发过程中，史蒂夫·乔布斯参与了很多重要决策的制定，深入到了产品设计的方方面面，但苹果公司的决策并不总是自上而下的，争论与辩论是史蒂夫·乔布斯头脑风暴的一部分，史蒂夫·乔布斯通过参与一种智力对抗游戏来作决策，这一做法具有很强的挑战性，却能产生精准、有创意的想法。

怎样才能让一切尽在掌握？史蒂夫·乔布斯 2008 年接受《财富》杂志的采访时说：

“当你请到真正优秀的人才时，你必须让他们掌管一部分业务。这并不意味着我不管了，但是，你聘请他们的原因是你要给予他们驾驭权。我希望（他们）作出明智的甚至是比我还要高明的决策。因此，要做到这一点，就得让他们了解每件事，不仅仅是他们管辖下的业务，而且还要包括整个公司的方方面面。

“苹果公司有2.5万名员工，大约有1万人在专卖店工作。而我的工作是与100位高层人员合作，这就是我的工作。他们并不全部都是副总裁。有些人只是关键的单个研究员。因此，当一个好点子出现的时候，我的工作之一就是让大家都看看这个点子，了解一下不同人的看法，让大家就此展开讨论，甚至是辩论，让这100个人交流思想。

“因此，我们每周一的工作就是检查公司的所有业务。我们浏览上一周出售的产品。我们审查每一件出现异常的产品——出现问题的产品和供不应求的产品。所有出现异常的业务，我们都要检查。而且我们每周都这么做。苹果公司并没有太多流程，但在为数不多的流程中，周一例会算是其中之一。这么做只是为了让大家都了解情况。”

要求手下绝对忠诚

聪明才智和忠诚——是史蒂夫·乔布斯衡量一个人最主要的两条标准：如果你不是天才，那么就是笨蛋，会被无情地清理出去；而如果你是个天才却又不能对史蒂夫·乔布斯绝对忠诚和

服从，那你也别想得到你想要的一切。

丹•科特克是史蒂夫多年的大学同学，也是他的好朋友，还与史蒂夫•乔布斯一起同行到了印度，一起在库比提诺居住过，但直到 1980 年，他还仅仅是苹果公司的一名技术员。科特克曾几次向史蒂夫•乔布斯提出拥有股票期权的要求。“他告诉我去找我的上级主管。”科特克很为难，因为他不想让过多的人知道这件事，于是他就去找马库拉和斯科蒂。他们认为，科特克有权得到公司的股份，于是就给了他 2000 股，但这同苹果公司普通的工程师相比仍是微不足道的。

也许有人会问，事情怎么会这样?

因为在史蒂夫•乔布斯看来,科特克达到了史蒂夫的第一条标准，但却没有达到第二条标准。所以，他故意将科特克无情地排斥在苹果公司新股上市之外，不给他的老朋友科特克任何股份。好像只有这样才能显示他所拥有的权力，以证明他才是真正的老板。

源于他对绝对忠诚的认知，早期的史蒂夫•乔布斯通常不允许别人对他提出的问题置之不理，至少为他工作的苹果公司的员工不能这样。假如他认为你真是个有用之人，他会给你解释为什么你提出的想法一文不值，而他的想法是解决这一问题的唯一方案；假如他认为你是个毫无用处的人，那你就得带着那一文不值的想法赶快离开。就算他的命令有时听起来很不合理，他也要狠狠地刺激一下自己的属下。

有一天，史蒂夫·乔布斯带着一本电话簿去参加一个关于设计工作的会议，走进会议室他就把电话簿扔在了会议桌上，说："设计出来的Mac机就应该这么大，不能再让它的体积变大了，如果再加大，用户会受不了的。

会议室里的人都看着这本电话簿面面相觑。这个本子只有原先设计的电脑的一半大小，根本不可能设计出这么小的电脑。伯勒尔·史密斯也认为，根据他学的电子学知识根本不可能设计出体积如此小的电脑。但毫无疑问，史蒂夫·乔布斯的要求从此便在Mac机研发小组成员心中深深地扎下了根——尽可能小巧。

而作为对于那些勤恳听话的天才回报，不管其以前如何戚戚无名，史蒂夫·乔布斯都会把他们挖掘到应有的岗位上，让他们尽情发挥。比如Mac电脑的电路板设计者伯勒尔·史密斯，他最初是由Mac电脑项目最初负责人杰夫·拉斯金从苹果公司服务部门发掘出来，而在史蒂夫·乔布斯手中得以发挥的自学成才的电脑奇才。他属于那种相当古怪、异乎寻常的人，一般正统的电脑设计师对他都不屑一顾。由于他行事诡秘、善于挑衅，而且还相当自负，因此沃兹也没重用过他，只是有时忙不过来，才请他帮忙。史密斯有着数字化设计工作者所需要的最基本要素——超强的记忆力，他能牢牢地记住电路板设计中的复杂而零乱的数据，并且很久都不会忘记，看起来就像变魔术一样，更难得是他还像史蒂夫·乔布斯一样充满了激情。

也正是有了像伯勒尔这样一些内心有着火一般激情、大部分公司都无法容忍的天才，先是从工程实验室里挑选可用的元件，然后进行设计组装，有时要通宵达旦地工作，才使得苹果电脑取得了让人不可思议的发展速度，创造了一个又一个辉煌。

史蒂夫·乔布斯对于他所尊重的人，真正对他的公司做出过杰出贡献的人，或者跟他地位平等的人，就算是跟他唱反调，也会很宽容，而对其他那些意图顶撞自己的人，史蒂夫则会在最短的时间内把他们赶出公司。

比如，皮克斯公司两名创建者之一的阿尔韦·雷·史密斯就是一个让史蒂夫很难受的人。自从他们两个人一起工作，阿尔韦就经常给史蒂夫提出这样或那样的问题，并告诉史蒂夫在哪个方面做得不合适。虽然史蒂夫可能不会听取这些意见，但他也不会大发脾气，当然有时他还是能听进一些意见，并考虑有关观点的。

但在一次皮克斯公司召开的会议上，这种情况发生了很大的转变。史蒂夫有一种怪癖，他不希望别人动用他权力之内的东西，比如，在会议上用什么品牌的瓶装水都是根据他的喜好来定，别人是不能干涉的。在公司开会时，会议室里的白板就是他的“东西”，这也是他怪癖性格的一种反映，他的这种“东西”是不允许别人碰的。

在那次非常特别的会议上，阿尔韦对于史蒂夫所说的以及在白板上所写的内容都不大赞同。阿尔韦认为史蒂夫的观点是错误的，于是，他就站起来，走到白板面前，拿起一支记号笔，开始一边向与会人员解释他不同意史蒂夫的地方，一边在白板上写着什么。果然不出所料，史蒂夫勃然大怒，脱口而出："你不能这样做！"会议室里的人看到眼前发生的这一幕都惊呆了。阿尔韦也是吃了一惊，顿时止住了发言，史蒂夫迅速地向阿尔韦走过去，他们两个人的鼻子都差不多碰到一起了。史蒂夫这种情绪激烈的程度就好像受到了极大的侮辱、蔑视和伤害。

然后，史蒂夫就怒气冲冲地走出了会议室。尔后，阿尔韦也递交了辞呈。史蒂夫·乔布斯没有做出任何挽留阿尔韦·雷·史密斯的姿态，而且也没有对他的离职感到丝毫惋惜。

控制产品的方方面面

史蒂夫·乔布斯的核心原则之一就是硬件和软件应该紧密结合。他喜欢控制产品的所有方面，而唯一的方式就是制造全套设备，全方面负责用户体验。因此一回到苹果，他就把消灭兼容机作为首要任务之一。

1997 年 7 月，就在他协助解聘阿梅里奥几个星期后，新版的 Mac 操作系统发布，史蒂夫·乔布斯不允许兼容机制造商升级到新系统。8 月，当史蒂夫•乔布斯出现在波士顿 Macworld 大会现场时，Power Computing 公司总裁斯蒂芬•“国王”•卡恩组织了支持兼容机的抗议活动，并公开警告说，如果史蒂夫•乔布斯不继续授权，麦金塔操作系统只有死路一条。“如果平台关闭，这个系统就完了，”卡恩说，“彻底毁灭。这是死亡之吻。”

史蒂夫•乔布斯不这么认为。他给伍拉德打电话，说他要把苹果从授权业务中解脱出来。董事会默许了这个决议，9 月他就跟 Power Computing 公司达成协议，付给对方 1 亿美元收回授权，而苹果可以使用对方的用户数据库。很快他也终止了对其他兼容机制造商的授权。“让其他公司在垃圾一样的硬件上使用我们的操作系统、蚕食我们的销售额，这简直是世界上最愚蠢的事情。”他后来说。

2002 年，微软一位工程师把史蒂夫•乔布斯惹毛了，他一直在吹嘘自己研发的平板电脑软件，用户可以用手写笔在屏幕上输入信息。当年，一些制造商推出了使用该款软件的平板电脑，但并未改变世界。史蒂夫•乔布斯一直渴望向人们展示平板电脑的正确做法——没有手写笔！但是，当看到苹果公司正在研发的多点触摸技术后，他决定将其先用于 iPhone。当时，平板电脑的想法还只是在麦金塔硬件团队中酝酿。2003 年 5 月，史蒂夫•乔布斯接受沃尔特•莫斯伯格的采访时说：“我们没有制作平板电脑的计划。事实证明，人们需要键盘。只有那些已经有了许多电脑和计算机设备的有钱人才会对平板电脑感兴趣。”

是的，他这是在误导竞争对手，就像宣称自己只是“荷尔蒙失调”一样。事实上，在苹果公司大多年度的百杰集思会上，平板电脑都在未来项目的讨论之中。“我们在多次集思会上都会花大量时间讨论平板电脑的想法，因为史蒂夫一直渴望制作这样一款产品。”菲尔·席勒回忆道。

2007 年，史蒂夫·乔布斯在考虑低成本上网本计划时，意外推动了平板电脑项目。在某个周一的一次头脑风暴会议上，艾弗说，为什么要在屏幕旁边装上键盘呢，那样又贵又笨重。他提议利用多点触摸界面，将键盘的功能纳入屏幕中。史蒂夫·乔布斯对此表示赞同。于是，苹果公司放弃了设计上网本的想法，将资源投入平板电脑项目，令其快速运转起来。

平板电脑项目伊始，史蒂夫·乔布斯和艾弗需要研究出合适的屏幕尺寸。项目团队设计了 20 个模型——都是圆角矩形，但大小和长宽比例各有不同。艾弗将模型排列在设计工作室的桌子上。下午大家一到，就可以揭开罩在桌上的丝绒布，摆弄这些模型，然后讨论确定。

史蒂夫·乔布斯一如既往地主张最为纯粹的简洁设计。这就需要明确平板电脑的核心本质。答案就是显示屏。因此，平板电脑项目的指导原则即是，所有功能和设计都必须服从屏幕的需要。艾弗问道：“怎样才能不让众多功能和按钮分散对于屏幕显示的注意力？”在每一个步骤上，史蒂夫·乔布斯都会推进删除和简化。

有一次，史蒂夫·乔布斯看着模型，略有不满，认为模型不够自然和友好，无法让人随意地拿起来。艾弗敏锐地指出了问题所在：平板电脑的形状要让人觉得有冲动去拿，而且可以随意用一只手就抓起来。边缘的底部需要再圆润一点，这样会让人觉得拿起来很舒服，而不用小心翼翼地抬起来。这意味着，必须把必要的连接接口和按钮都设计在平板电脑的边缘，同时设备的边缘又很薄，薄到让人忘却它的存在。

关注专利申请的人应该会注意到，2004 年 3 月，苹果公司申请了编号为 D504889 的专利，并于 14 个月后通过。这项专利的发明者是史蒂夫·乔布斯和艾弗。专利申请中附有一张圆角矩形平板电脑的草图，草图上一个男子随意地用左手拿着这部平板电脑，右手食指触碰屏幕，图上的平板电脑看上去正是后来推出的 iPad。由于麦金塔电脑当时已开始使用英特尔公司的芯片，史蒂夫·乔布斯最初计划在 iPad 中采用凌动芯片——英特尔公司正在研发的低电压芯片。英特尔公司 CEO 保罗·欧德宁极力促成两家公司一起进行设计工作，史蒂夫·乔布斯也比较信任他。英特尔公司的处理器速度全球最快，但是其芯片往往用在带外接电源的计算机中，从来不需考虑电池的续航时间。于是，托尼·法德尔极力主张采用基于 ARM 的架构，其芯片更为简单，耗电更少。苹果公司很早就开始同 ARM 合作，最早的 iPhone 产品就使用了该架构的芯片。法德尔获得了其他工程师的支持，相信有可能挑战史蒂夫·乔布斯并且说服他。在一次会议上，当史蒂夫·乔布斯坚持认为最好信任英特尔公司能做出优秀的移动设备芯片时，法德尔吼道："错了，错了，错了！"当时，法德尔甚至把自己的名牌拍在会议桌上，威胁要辞职。

最终，史蒂夫·乔布斯松口了："我听你的，我不会反对我最优秀的员工。"事实上，他走向了另一个极端。苹果公司在获得 ARM 构架授权的同时，收购了帕洛奥图一家 150 人的微处理器设计公司，并让其设计一款定制的系统单芯片（System-on-a-Chip）；这款名为 A4 的芯片基于 ARM 架构，由三星公司在韩国制造。史蒂夫·乔布斯回忆道：在高性能方面，英特尔公司最好。他们制造的芯片速度最快，如果你不在乎功耗和成本的话。但是他们的芯片上只有处理器，因此需要许多其他部件。我们的 A4 芯片将处理器、显卡、移动操作系统和内存控制都集成于一个芯片之中。我们曾想要帮助英特尔公司，但是他们不怎么听我们的。多年来，我们都跟英特尔反映，他们的图形芯片很差劲儿。每个季度，我和其他三名苹果公司高管都会跟保罗·欧德宁开会。开始的时候，我们一起做出了很棒的东西。他们希望这个联合项目可以为今后的 iPhone 制作芯片。我们没有继续合作的原因有二：一是他们真的很慢，就像蒸汽轮船一样，不是很灵活，而我们习惯快速前进；二是我们不想把什么都教给他们，因为他们可能会把我们的东西卖给竞争对手。

据欧德宁说，iPad 本可以采用英特尔芯片。问题在于苹果公司和英特尔公司无法谈拢价格。而这也是史蒂夫·乔布斯控制欲的一个表现，他想要控制产品的每一个环节，从芯片到材料。

一切以设计为中心

1997 年 9 月，史蒂夫·乔布斯重返苹果公司出任临时 CEO，他将高管层召集在一起进行动员讲话。在听众席上有一位充满热情的英国人乔纳森·艾弗，30 岁，是苹果公司设计团队的主管。大家都叫他乔尼。他当时正打算辞职。他受够了公司一心想要把利润最大化而疏于产品设计的做法，而史蒂夫·乔布斯的讲话动摇了他辞职的念头。“我记得非常清楚，史蒂夫宣布我们的目标不仅仅是赚钱，而是制造出伟大的产品，”艾弗回忆道，“基于这一理念所作出的决策会与从前有本质的不同。”艾弗和史蒂夫·乔布斯很快就一拍即合，成为他们那个时代最伟大的工业设计搭档。

艾弗在伦敦东北部的清福德镇长大。父亲是一名银匠，在当地的大学教授传统技艺。“他是一名极其出色的工匠，”艾弗回忆道，“他给我的圣诞礼物，就是带我到学校工作坊里度过一天。圣诞节假期时学校里没有人，他会帮我做我想要的东西。”但前提是，乔尼必须把想要做的东西亲手画出来。“我一直都很欣赏手工制品的美。我开始意识到对产品付出的心血至关重要。我最无法忍受的就是从产品中感觉出草率的态度。”艾弗进入了纽卡斯尔理工学院学习，并利用业余时间和暑假在一家设计顾问公司工作。他曾经设计了一支钢笔，笔帽上有一个可以拨弄的小球，让使用者和钢笔建立有趣的“情感互动”。他的毕业设计是一套麦克风和听筒，由单一的白色塑料制成，用于和有听力缺陷的儿童交流。艾弗的公寓里摆满了发泡材料模型，这些模型帮助他获得了更完美的设计。此外，他还设计过一台自动取款机和一款流线型电话机，这两个作品都曾获得英国皇家艺术学院奖。和其他设计师不同，他不仅能勾画出精美的草图，还关注工程学以及内部元件的工作原理。大学时期，乔尼在使用麦金塔做设计时突然开窍了：

“我开始了解 Mac，并且觉得我和制造这个产品的那群人们在冥冥之中有种联系，”他回忆道，“我突然理解了公司是什么，或者说，‘应该是什么’。”

毕业之后，艾弗和人合伙在伦敦成立了一家名为蜜橘的设计公司，并和苹果公司签订了咨询合同。1992 年，乔尼移居到加州的库比蒂诺，开始在苹果公司的设计部门工作。1996 年，这一年恰好是史蒂夫·乔布斯回归前夕，乔尼成为设计部门的主管，却很不开心。阿梅里奥并不看重设计。“没有那种为产品付出心血的感觉，因为我们都在努力扩大利润，”艾弗说，“这些高管只要求我们这些设计师设计产品的外观，然后工程师再把成本压到最低。我准备辞职了。”

直到史蒂夫·乔布斯重新接管苹果之后讲了那一番话，艾弗才决定留下来。起初，史蒂夫·乔布斯打算从外面招聘一个世界级的设计师。他找过 IBM ThinkPad 笔记本的设计师理查德·萨珀，还有曾设计过法拉利和玛莎拉蒂 Ghibli—代跑车的乔吉·乔治亚罗。后来他去苹果的设计工作室走了一圈，决定跟和蔼热情、为人诚实的艾弗成为搭档。“我们讨论了产品在形式和材料方面的种种可能，”艾弗回忆道，“我们的看法一致。我突然明白了自己为什么会爱上这家公司。”

最初，艾弗是向乔恩·鲁宾斯坦汇报的，鲁宾斯坦是史蒂夫·乔布斯指派的硬件部门主管，但是艾弗后来和史蒂夫·乔布斯发展成了一种直接的、异常牢固的伙伴关系。他们开始定期一起吃午餐，而史蒂夫·乔布斯每天下班之前都要去艾弗的设计工作室聊一聊。

“乔尼的身份很特殊，”史蒂夫·乔布斯的妻子鲍威尔说，“他常来我们家玩，两家人之间的关系也变得更亲密。史蒂夫从来不会故意伤害他。在史蒂夫的生活中，大多数人都是能够被替代的，唯独乔尼不是。”

史蒂夫·乔布斯随后向我表达了他对乔尼的尊敬：“乔尼给苹果公司乃至全世界带来的改变是巨大的。在各方面他都是一个极聪明的人。他懂得商业概念和营销概念，接受新事物的速度很快。他比其他任何人都更为理解苹果公司的核心理念。乔尼是我在公司里的‘精神伴侣’。大多数产品都是我们一起构想出来的，然后我们会再把其他人拉进来，问他们‘嘿，你们觉得怎么样?’对每一个产品，他既有宏观的见解，又能考虑到细枝末节。他明白，苹果是一家注重产品的公司。他不仅仅是一个设计师。这也就是为什么他向我直接汇报工作。他是整个公司里除我之外最有运营权力的人。任何人都无权干涉他做什么或不做什么。这也是我的意图。"

和大多数设计师一样，艾弗喜欢分析某个特定设计背后的理念以及如何一步步地构思出这个设计。对于史蒂夫·乔布斯来说，他的判断更注重直觉。他会明确指出自己喜欢的模型和草图，放弃那些不喜欢的。而艾弗接下来会按照史蒂夫·乔布斯的思路和喜好，进一步完善设计理念。

艾弗的偶像是为博朗电器公司工作的德国工业设计大师迪特尔·拉姆斯。拉姆斯崇尚的设计理念是“少而优”。同样，史蒂夫·乔布斯和艾弗也在为如何能让每一个新设计变得简洁而绞尽脑汁。

对于大多数公司来说，设计是被工程技术引领的。工程师们制定产品的规格和要求，然后设计师们再据此设计模型和外壳。但对于史蒂夫·乔布斯来说，这个过程截然不同。在苹果公司创立之初，史蒂夫·乔布斯首先确定了 Mac 电脑的外壳之后，工程师们才依此制造合适的主板和元件。

在史蒂夫·乔布斯被迫退出之后，这一过程又变成了以工程师为主导。“在史蒂夫回来之前，工程师会指着处理器硬盘说‘这些是内部元件’，然后设计师们会想办法把这些部件装进外壳，”苹果公司的营销副总裁菲尔·席勒说，“按这种方式来做，你只会得到糟糕的产品。”但是当史蒂夫·乔布斯回来与艾弗成为搭档之后，天平又向设计师这一端倾斜了。“史蒂夫一直在影响着我们，设计是我们的成功之道。”席勒说，“设计师再次主导工程师了，而不是相反。”这使得苹果产品——包括 iMac、iPod、iPhone 和 iPad 的独特设计让苹果与众不同，并在史蒂夫·乔布斯回归后的几年里走上了巅峰。

史蒂夫·乔布斯和艾弗搭档之后的第一个成功之作就是 1998 年 5 月问世的 iMac——面向家用电子市场的台式计算机。此前，史蒂夫·乔布斯曾对这个产品有过明确的说明：

它应该是一个一体化的产品，键盘、显示器和主机被组合到一个简单的装置中，从箱子里面拿出来就能用；而且设计要独特，要能体现品牌文化；价格定在 1200 美元左右；最好是回到 1984 年第一台 Mac 电脑时的那个设计理念，把它设计成一体式的消费电子产品。

最初的计划是开发一款“网络计算机”，这一概念得到了甲骨文公司的拉里·埃里森的支持，特指一种廉价的、没有硬盘驱动器的终端，主要用来连接互联网和其他网络。但是苹果公司的首席财务官弗雷德·安德森认为，为了使产品更加动力强劲，还是要增设一个磁盘驱动器，这样它就可以成为一台正式的家用台式计算机。史蒂夫·乔布斯最终采纳了他的建议。

负责硬件的部门主管乔恩·鲁宾斯坦，决定给计划中的新机器采用苹果专业类专业版电脑 Power Mac G3 的微处理器和内核，并安装了一个硬盘驱动器和一个光盘托盘。但是史蒂夫·乔布斯和鲁宾斯坦作了一个大胆的决定——新机器不再配备普遍使用的软盘驱动器。史蒂夫·乔布斯引用了冰球明星韦恩·格雷茨基的名言："要向着冰球运动的方向滑，而不是它现在的位置。"在当时他这个做法非常前卫，但是最终大多数计算机都取消了软盘驱动器。

于是，艾弗和他的第一助理丹尼·柯斯特开始计划这种未来主义的设计。史蒂夫·乔布斯不客气地否决了他们最初设计的几十个模型，然而艾弗知道怎么去温和地引导他。艾弗认同所有的模型都不完美，但是他指出了其中一个有希望的——曲线形的有趣外观，看上去也不像是一块钉在桌子上挪不走的板子。"它带着一种刚刚来到你桌上，又随时可能会飞到其他地方的感觉。"他这样告诉史蒂夫·乔布斯。

在再次展示之前，艾弗又完善了这个模型。结果，史蒂夫·乔布斯带着他那"不是杰作就是狗屎"的评判标准喊着说他喜欢。他带着泡沫模型在总部到处走，充满信心地向他信赖的中层和董事会成员们展示。苹果公司一直在广告中宣传自身所做的一切都“非同凡想”。然而直到那时，也没有人提出过什么东西让苹果计算机区别于市面上的其他计算机。这一次，史蒂夫·乔布斯终于有了新玩意儿。

艾弗和柯斯特提出要把机箱塑料外壳设计成海蓝色——之后这种颜色被命名为“邦迪蓝”，灵感来自澳大利亚的邦迪海滩。而且外壳是半透明的，你可以看到机器内部。“我们想要传递一种感觉，就是计算机能够根据我们的需求而改变，就像变色龙那样。”艾弗说，“这就是我们喜欢半透明的原因……虽然有固定的颜色，却又不呆板，可以一眼看到里面，有种调皮的感觉。”

无论是比喻还是现实，这种半透明都把内部的工程学构造和外壳设计联系在了一起。史蒂夫·乔布斯一直坚持要让芯片整齐地排列在电路板上，即使它们不会被人们看到也要这么做。但现在，它们能被人看见了。通过这个半透明外壳，人们将能够看到史蒂夫·乔布斯对产品的用心，而这种用心贯穿于所有元件的制造以及组装的过程中。这种有趣的设计将传达简约的理念，同时也体现出真正达到简约所需要的深度。

在这如此简约的塑料外壳中也蕴涵着十足的复杂性。艾弗和他的团队与苹果公司同韩国的制造商合作，力求制作出完美的产品，他们甚至去了一家生产糖豆的工厂，学习如何把半透明色彩做得更富活力。每只外壳的成本超过 60 美元，是普通计算机外壳成本的 3 倍。换做其他公司，可能会就此进行专门论证，讨论半透明外壳是否能帮助提升销量，并证明额外的成本是值得的。但史蒂夫·乔布斯对这种论证不予考虑。

他们还在 iMac 外壳的顶部设计了一个内嵌的提手。它的趣味性和象征意义要大于其功能性。这是一台台式计算机，不会有什么人提着它到处走。但艾弗是这样想的：当时，人们对科技并不“感冒”。当你畏惧一样东西的时候，你不会去触碰它。我就看到我妈妈不敢碰计算机。所以我就想，如果它上面有个提手，就能使一种关系变为可能。它是易于接近的，是与生俱来的，它允许你去触摸它。它使你觉得它与众不同。糟糕的是，要制造一个凹陷的提手需要大量投入。这要是在以前的苹果公司，我的想法肯定会被否决。让人惊喜的是，史蒂夫·乔布斯第一眼看到它的时候就说了一句，“这太酷了！”我从没向他解释过为何要这样做，但他就是自然而然地领会了。他认为，这就是 iMac 友好及有趣的方面之一。

为了赢得足够的支持，说服来自生产及制造部门的反对意见，史蒂夫·乔布斯还邀请 TBWA\Chiat\Day 广告公司的李·克劳和肯·西格尔一行人来到苹果，看看这里正在做的事情。他把他们带进戒备森严的设计工作室，并戏剧性地展示了艾弗设计的半透明的泪滴形外壳，看起来很像 20 世纪 80 年代一部电视动画片《杰森一家》里关于未来的场景。在那一瞬间，他们就像回到了从前。“我们非常震惊，但没人敢说出来。”西格尔回忆道，“我们的真实想法是，‘天哪，他们知道自己在做什么吗?’这简直太出格了。”

【链接】iMac 发布会：1998 年 5 月 6 日

在 1984 年的 Mac 电脑发布会上，史蒂夫·乔布斯就创造了一套新的舞台效果——产品发布就像一场划时代的盛会，整场盛会以“要有光”（引自《圣经》：上帝说，“要有光”，于是便有了光。）的神圣时刻为高潮：天地分开，一束光射下来，天使歌唱，唱诗班合唱《哈利路亚》。而对此次产品发布盛会，史蒂夫·乔布斯有两个希望，一是使苹果公司起死回生，二是再次颠覆个人计算机的形象。因此，史蒂夫·乔布斯特意为这次发布会选择了库比蒂诺市迪安扎社区大学的燧石礼堂，这也是举办 1984 年发布会的地点。为了消除疑虑、重整旗鼓、在开发者社区获得支持，并快速启动 iMac 营销，他愿意全力以赴。不过，他这么做的另外一个原因就是他很喜欢做“发布会总指挥”。和酝酿新产品一样，准备一场盛会也能大大激发他的热情。

他还不忘显示自己多愁善感的一面。作为开场白，他首先对着第一排观众席上的三位嘉宾礼貌地“喊话”。他曾经和这三个人渐行渐远，但是现在，他需要他们重新加入他的团队。“我曾经和史蒂夫·沃兹尼亚克在我父母家的车库里成立了苹果公司，现在，他就在这里。”他说着，用手指向沃兹，观众爆发出一阵掌声。“后来，迈克·马库拉加入了我们。不久之后，我们还迎来了我们的第一任总裁——迈克·斯科特。”他接着说，“他们今天都来到了现场。如果没有他们三个人，今天我们谁也不会来到这里。”掌声又响了起来，他的眼眶湿润了。

观众席中还有安迪·赫茨菲尔德以及当年 Mac 团队的大部分成员。史蒂夫·乔布斯向他们微笑示意。他的笑容中带着一种信心，他相信，接下来自己会让他们感到自豪。

在用幻灯片展示了苹果公司新的产品策略和新计算机的性能之后，他准备展示他的新宝贝了。“现在的计算机是这副样子的。”他说着，身后的大屏幕上出现了一套米色的、方方正正的计算机配件和显示器。“而我要荣幸地向你们展示，从今天起，计算机会变成什么样子。”他揭开了舞台中央桌子上的遮布，灯光洒下，新的 iMac 闪现在大家面前，熠熠生辉。他按了一下鼠标，就像在 Mac 电脑的发布会上那样，屏幕上快速闪现着介绍计算机各种奇妙用途的图片。最后，“你好”的字样出现了，用的还是 1984 年 Mac 电脑上的字体，但是这一次在“你好”的下面还多了一个括号，里面写着“又见面了”——“你好（又见面了）”。

这一刻，雷鸣般的掌声再次响起。史蒂夫·乔布斯站在那儿，自豪地看着他的新 iMac。“它看起来像是从外星来的。”他说，观众大笑，“显然是来自一个不错的星球，那儿的设计师更棒。”

史蒂夫·乔布斯又一次推出了标志性的新产品，也是一个新纪元的开端。它履行了“非同凡想”的承诺。计算机不再是米色的方形主机和显示器、缠得一团糟的电线和厚厚的安装手册。在你面前的是一部友好的、生气蓬勃的装置，手感顺滑、赏心悦目，就像一只知更鸟的蛋，你可以拎着那可爱的小提手把它从典雅的白色盒子里面提出来，然后插上电源。那些以前害怕碰计算机的人现在也想拥有一台，而且他们还想把它摆在房间中最显眼的地方，好让人羡慕甚至是嫉妒。

“这是一台结合了科幻之光和奇思妙想的机器，”《新闻周刊》的记者史蒂文•列维这样写道，“这不仅是近几年来推出的外观最酷的计算机，同时也是一个强有力的宣告：硅谷这家最初的‘梦想’公司终于不再‘梦游’了！”

《福布斯》将 iMac 称为“一个产业的华丽转身。”成为苹果公司历史上销售速度最快的计算机。

只有一种风格

Steve Jobs

许多年以来，苹果一直鼓励员工严格遵守其《人机界面规约》，这个圣经般的标准指导旨在让苹果的软件都能保持始终如一的使用体验。《规约》规定了在哪里放置菜单，菜单中包含什么样的指令，怎样设计对话框等等。这是为了让所有的 Mac 软件，无论是哪家公司开发的，都有相同的外观和操作方式风格。

《规约》起草于 1980 年，那时计算机主要用于创建和打印文件等工作。但是在互联网时代，计算机除了用于打印文件、编辑视频之外，通讯和多媒体等功能也得到了广泛应用。播放影片或者与朋友进行视频聊天的软件，开始比 Photoshop 和 Excel 更易于使用。

苹果的 QuickTime 播放器软件就是受益于界面新理念的早期代表之一。该软件用于播放多媒体文件，也就主要是音乐和视频，界面上只需开始、暂停和音量等控制键就可以了。苹果决定将 QuickTime 播放器作为第一款拥有简单的类似家电操作界面的新型苹果软件。

QuickTime 播放器软件界面是由提姆•瓦斯寇设计的，这个言语轻柔的加拿大人后来设计了 iPod 的操作界面。瓦斯寇是和史蒂夫•乔布斯一起从 NeXT 来到苹果的，他在苹果内部被视为设计之神。“他是个不折不扣的 Photoshop 高手。”霍迪说。

QuickTime 播放器的设计队伍由 6 个设计师和程序员组成，其中包括瓦斯寇和霍迪。他们连续 6 个月与史蒂夫•乔布斯每周都要见面一两次。每周他们都要给史蒂夫•乔布斯展示十几个新设计，大多是质感和外观上的变化。早期的设计方案中，有一个受到索尼运动款随身听启发的黄色塑料质感外观，还有很多不同的木质和金属质地的纹理。“史蒂夫•乔布斯并不是一个设计狂，但他总想另辟蹊径。”霍迪说。

起初，设计结果都是通过电脑展示的，但是设计师们发现在电脑里来回来去的切换界面实在太费劲了，于是他们转为把设计打印在光亮的大幅纸面上。打印图铺满了整个大会议桌，很容易在彼此之间进行甄选。史蒂夫•乔布斯和设计师们发现这样比较方便找出最喜欢的设计，比如融合这个方案的纹理和另一个方案的外形。这个方法被证明行之有效后，苹果公司的大部分设计师也开始纷纷采用。

在会后，史蒂夫•乔布斯有时会拿走一堆打印图去给其他人看。“他有很棒的设计理念，但同样也愿意倾听别人的意见。”霍迪说。

如此数周后，瓦斯寇拿出了一个金属外观的设计，史蒂夫·乔布斯很喜欢，但总觉得不够好。在接下来一次会上，史蒂夫·乔布斯带来了一个惠普公司的介绍册，HP 的标识嵌在经过拉丝处理的金属背景上，就像一个高档厨房电器。“我喜欢这个，”史蒂夫·乔布斯说，“你们想想办法吧。”

于是，设计师们就为 QuickTime 播放器设计了一个拉丝金属质感的外观，这一设计理念从那后便延续下来，广泛应用于苹果的软件以及高端电脑主机上。21 世纪最初的几年里，从 Safari 网络浏览器到 iCal 日历，大多数苹果软件都被赋予了拉丝金属的界面。

专 注 原 则

Steve Jobs

史蒂夫·乔布斯的一个过人之处是知道如何做到专注，因为专注才更好掌控。

“决定不做什么跟决定做什么同样重要，”他说，“对公司来说是这样，对产品来说也是这样。”

一回到苹果，史蒂夫·乔布斯就开始在工作中应用他的专注原则。有一天他在走廊里遇到一个年轻的沃顿商学院毕业生，曾是苹果前总裁阿梅里奥的助手，以前的工作正在收尾。“嗯，很好，因为我正需要人干点儿繁琐的工作。”史蒂夫·乔布斯对他说。这个人的新任务是在史蒂夫·乔布斯跟苹果的几十个产品团队开会时作记录，让各个团队介绍正在进行的工作，促使他们证明产品或项目有理由继续进行下去。

他还征用了一个朋友——菲尔·席勒。席勒曾在苹果工作，但当时是在图形软件公司。“史蒂夫会把团队叫到只有 20 个座位的会议室，但他们会来 30 个人，想要用 PowerPoint 展示一些史蒂夫根本不想看的东西。”席勒回忆说。

因此史蒂夫·乔布斯在产品评估过程中做的第一件事就是禁止使用 PowerPoint，“我讨厌人们用幻灯片而不用脑子，”史蒂夫·乔布斯后来回忆说，“每次遇到一个问题，他们就做幻灯片。我想让他们投入进去，当场拿出方案，而不是放一堆幻灯片。知道自己在说什么的人不需要 PowerPoint。”产品评估显示出苹果的产品线十分不集中。这个公司在官僚作风的驱动下对每个产品炮制出若干版本，去满足零售商的奇思怪想。“真是荒谬，”席勒回忆说，“无数的产品，大部分都是垃圾，由迷茫的开发团队制造。”光是麦金塔就有很多个版本，每个版本都有不同的、让人困惑的编号，从 1400 到 9600。“我让他们给我解释了三个星期，”史蒂夫·乔布斯说，“我还是搞不明白。”最后他干脆开始问一些简单的问题，比如：“我应该让我的朋友们买哪些?"

当无法得到简单的回答时，他就开始大刀阔斧地砍掉不同的型号和产品。很快他就砍掉了70%。“你们是聪明人，”他对一个小组说，“不应该把时间浪费在这样的垃圾产品上。”很多工程师被他这种粗暴、严苛的手段激怒了，因为这样会导致大规模的裁员。但是史蒂夫·乔布斯后来宣称，优秀的员工，包括有些项目被毙掉的员工，都赞成这种做法。“工程团队无比兴奋，”他在1997年9月的一次员工会议上说，“开完会，有一些产品刚被砍掉的人激动得一跳三尺高，因为他们终于明白了我们在朝哪个方向前进。”

几个星期过去了，史蒂夫·乔布斯终于受够了。“停！”他在一次大型产品战略会议上喊道，“这真是疯了。”他抓起记号笔，走向白板，在上面画了一根横线一根竖线，做成一个方形四格表。“这是我们需要的，”他继续说。在两列的顶端，他写上“消费级”和“专业级”。在两行的标题处，他写上“台式”和“便携”。他说，他们的工作就是做四个伟大的产品，每格一个。“会议室里鸦雀无声。”席勒回忆说。

在9月的董事会上，史蒂夫·乔布斯介绍这个计划时，现场同样鸦雀无声。“吉尔曾在每次会议上追着我们批准越来越多的产品，”伍拉德回忆说，“他一直在说我们需要更多产品。史蒂夫来了以后说我们需要更少的产品。他给我们画了个四格的矩阵，说这就是我们应该专注做的。”一开始董事会并不接受。

他们告诉史蒂夫·乔布斯这是在冒险。“我能成功。”他回答。董事会从来都没有投票赞成过这个新战略。

但史蒂夫·乔布斯说了算，他就往前冲了。

结果，苹果的工程师和管理人员突然高度集中在四个领域。专业级台式电脑，他们开发出了 Power 麦金塔 G3；专业级便携电脑，开发出了 PowerBook G35 消费级台式电脑，后来发展成了 iMac 消费级便携电脑，就是后来的 iBook，这意味着公司要退出其他业务领域，例如打印机和服务器。1997 年，苹果在销售 StyleWriter 彩色打印机，基本上就是惠普 DeskJet 的另一个版本。惠普通过卖墨盒赚走了大部分钱。“我不明白，”史蒂夫·乔布斯在这个产品的评估会上说，“你们准备卖 100 万台却赚不到钱吗？真是疯了！”他站起来，离开会议室，给惠普的总裁打电话：“咱们解除合约吧。”史蒂夫·乔布斯建议，“我们会退出打印机业务，让你们自己做。”然后他回到会议室宣布他们退出打印机业务。“史蒂夫审视一番情况后，会立即知道我们需要从中脱身。”席勒回忆说。

史蒂夫·乔布斯作的最高调的决定，就是彻底地扼杀牛顿项目，就是那个带有不错的手写识别系统的个人数字助理。史蒂夫·乔布斯讨厌它，因为它是史考利最喜欢的项目，因为它不完美，也因为他讨厌手写设备。早在 1997 年初他就试图让阿梅里奥砍掉它，但只成功地说服他解散了这个部门。到 1997 年末，史蒂夫·乔布斯作产品评估时，发现它还在。他后来这样描述这个决定：

“如果苹果当时的处境没有那么危险，我可能会钻进去研究怎么改进它。我不信任这个项目的负责人。我强烈地感觉到它有真正优秀的技术，但是因为管理不善搞砸了。停掉它，我就解放了一些优秀的工程师，他们可以去开发新的移动设备。最终我们走对了路，做出了 iPhone 和 iPad。这种专注的能力拯救了苹果。”

把别人的想法据为己有

正当史蒂夫·乔布斯被逐出“丽莎”电脑开发项目组之后，一台曾经被批得一无是处并竭力阻止而不得不秘密研发的、处于研发阶段的计算机吸引了史蒂夫·乔布斯的注意，这台处于实验阶段的计算机是全能的计算机科学家杰夫·拉斯金的杰作。

杰夫想设计出一种小型的、价格比较便宜的大众型计算机，他认为他能够设计出来这样的机型。于是，他就召集了一组设计人员，以惊人的速度在 1979 的圣诞节前夕设计出了这种计算机的原型，为了能与苹果电脑的名称统一起来，杰夫就把他设计的这台机器称做“麦金塔”，这是他非常喜欢吃的苹果的名字。

拉斯金在设计电脑时就有一种想法，就是把这台机器完全设计好，使用时不需要任何的调整。他把它看做是一个“烤箱”，里面设备齐全，你买来后就可以使用了。他还有一个强烈的想法，那就是让这台机器操作起来更加简单。你只要打开它，立即就能让它工作，不用装载任何软件或者输入晦涩难解的指令。这台机器还会非常便于携带，价格在1000美元左右，这就意味着苹果电脑的成本价格可以降到300美元左右。他认为，这种电脑也不需要图形显示过程，当然也不需要鼠标。他在施乐公司的PARC参观时，所看到的最让他喜欢的就是PARC的视窗。

这时，史蒂夫·乔布斯突然感觉有一种想法在他的头脑里越来越清晰了——Mac机有可能成为20世纪80年代的Apple II，这种电脑指引了未来电脑技术的发展方向，图形用户界面操作简单，还可以用鼠标进行操作，而且价格也便宜多了。虽然与以前电脑截然不同，设计也很独特，但它却能正常运行，史蒂夫感到，这真是一项极其出色的设计。

当然，不仅仅是他们设计出的电脑点燃了史蒂夫·乔布斯心中的激情，还有他们这一组研发人员，他们就这么几个人，却有着目标相同的研发精神，就这么几个人，却在研发Mac机时怀着极大的热情和创新精神，而苹果I和苹果II也是依靠这种热情才研发出来的。

史蒂夫在研发“丽莎”电脑上总是感觉“英雄无用武之

地”，而且还受到排挤，而现在他不会再受“他必须远离开发项目”这样情况的困扰了；他也明白了 Mac 机是他重新奉献自己才智的一个新起点。史蒂夫·乔布斯感到，他们这些人就像他自己一样，总能在不可能的领域上创造辉煌。

史蒂夫打算给这群在苹果公司一个被遗忘的角落里不被人注意的开发小组鼓劲加油。他要向所有的人，包括斯科蒂、马库拉以及全公司的员工，甚至是全世界的人表明，他能带领他们研发出让人惊奇的电脑产品。他开始全身心地关注 Mac 机——这种后来享誉全球的新一代计算机。

史蒂夫开始督促杰夫·拉斯金，让他尽快把头脑中的计算机模型转化为实实在在的电脑原型，以使苹果公司再上一个大的台阶。史蒂夫说得很明白，他希望能够完全参与到这个项目的研发中。最后成了这个研发项目总负责人，为了同拉斯金争夺对 Mac 机的控制权，甚至不惜破坏拉斯金已经准备好的公司内部讲座活动，迫使杰夫·拉斯金去休假，成功“窃取”了杰夫·拉斯金的研发成果。最后，当 Mac 机最后被生产出来的时候，史蒂夫·乔布斯成了 Mac 机的设计之父，而非拉斯金。

像海盗一样横行无忌

Steve Jobs

在一次集体进修中，史蒂夫在黑板上写下的鼓舞士气的口号是：“让我们当海盗吧。”成员们也都齐声欢呼赞同。然后他又写了一句煽动性的口号用以激励他们的奉献精神：“爱上你的工作，每个星期艰苦奋斗 90 个小时吧。”史蒂夫的这些口号就好像是在激励奴隶们建造金字塔，或是对瑟瑟发抖担心自己会遭受鞭刑的罗马大型划船的划手发号施令，也或者是在提醒研发组成员们，他们正在参与的设计工作意义非凡。

史蒂夫·乔布斯的确如海盗般，不仅劝诱苹果公司的各类精英加入到他那痴迷计算机的队伍里来，在公司里横冲直撞四处拉人：包括当初设计出 Apple II 的沃兹（实际上，雇用沃兹主要是为了向其他人证实这一研发项目的正统性）、罗德·霍尔特、兰迪·威金顿、杰里·曼诺克，甚至还有丹·科特克和比尔·费尔南德斯。苹果公司的一些老职员也加入到了伯勒尔·史密斯的团队中，他们有程序员巴德·特里布尔（他设计了苹果 II 的机箱），斯坦福的电子工程师布赖恩·霍华德和负责市场销售的乔安娜·

霍夫曼，以充实项目研发团队。但凡是他想要的人，无论是谁，在哪个部门，是否正在从事不可或缺的工作，都必须立即到他这里报到，他就是这样无视规则和霸蛮。

然后，史蒂夫·乔布斯又凭借自己身上罩着的名人光环和手中的权力，从公司获得了研发项目所需的资金和难得的研发设备，还很霸道地阻止了别人对 Mac 项目组成员的干涉。

有一次，大家正在办公室里讨论软件设计方案，团队里兼具艺术家气质的工程师比尔阿特金森为了跑到另一幢大楼去拿一块存有演示文件的硬盘，直接抄捷径从办公楼的后门跑了出去。可比尔忘了，当时已经过了下午 5 点半，按照办公楼的规矩，警卫们已经打开了办公楼后门的自动报警器，这时是不能从后门出入的。比尔的莽撞弄响了报警器，一时间，警铃大作，整栋办公楼都被笼罩在刺耳的声音里。

尖锐的警铃声持续了三分多钟还没有停止，史蒂夫·乔布斯不耐烦了，他大声说："就没有人可以把那鬼东西给关掉吗？"

工程师安迪赫茨菲尔德问史蒂夫·乔布斯："我们能把那东西毁掉，让它闭嘴吗？"

"没问题，"史蒂夫·乔布斯想也不想就说，"随你怎么做，只要能让它闭嘴，怎么做我都无所谓。"

于是赫茨菲尔德和同事一溜小跑冲进工具间，抄起榔头、螺丝刀、扳手之类他们能拿得动的所有家伙，直奔警铃而去。他们先用螺丝刀戳穿了警铃，可那该死的声音还是没有停下来。

愤怒的工程师们干脆上了蛮力，三下五除二就把警铃拆了个七零八落，刺耳的声音戛然而止。

但也正是这么一伙海盗一样的设计师和工程师，在史蒂夫·乔布斯这个海盗头子的带领下，打造了惊世骇俗的麦金塔电脑。尽管史蒂夫·乔布斯当时在处理团队合作、人际关系等方面并不十分高明，有时甚至还固执、倔强得要死，但在麦金塔团队的内部管理上，史蒂夫·乔布斯的“海盗团队”法则还是有不少值得借鉴的地方。

当时的麦金塔团队是一个几乎完全自给自足的项目组，团队里不仅拥有软硬件工程师，还拥有团队自己的设计师、产品经理、文档编写员和市场营销专员。这种自给自足的团队结构可以让不同职责的员工保持最近距离的合作，在也许是一天 16 个小时的紧张工作里，不用到处跑着找人，或是央求其他团队的人分些时间参加会议。至少在史蒂夫·乔布斯的设想里，所有人都应在近距离合作的情况下，围绕麦金塔这个核心产品来工作，没有繁文缛节，没有踢皮球式的互相推诿，没有官僚作风。

其实，说穿了，史蒂夫·乔布斯的“海盗团队”，不就是近年来互联网创业公司所大力倡导的“轻量级团队”、“扁平组织结构”和“产品导向型团队”吗？史蒂夫·乔布斯打造麦金塔的年月，互联网还没有进入寻常人的视野，但互联网时代最热门的创业理念和管理法则，却早已被史蒂夫·乔布斯实践过了。

史蒂夫·乔布斯希望团队的管理结构尽量扁平，他曾说过：

"苹果应该是一个这样的工作场所：每个人都可以直接跑到CEO 的办公室里，把他的想法说给 CEO 听。"最好没有中间层，只有海盗头子和一班海盗。

经过 30 多年的沉浮、历练，史蒂夫·乔布斯对运营苹果这个庞大的 IT 王国差不多已经到了得心应手的地步。

首先，史蒂夫·乔布斯要求整个苹果内部的组织结构非常简单，决策过程非常清晰。这可以说是 20 多年前"海盗团队"为史蒂夫·乔布斯积累的经验。史蒂夫·乔布斯曾拿苹果和索尼作对比，他说："索尼的部门太多了，他们不可能做出 iPod 来。苹果在整体上不是多个团队的联合体，而是一个单独的团队。"

苹果内部，从上到下的决策线路非常短。实际上，没有哪个决策责任人在汇报关系上离史蒂夫·乔布斯很远。史蒂夫·乔布斯也非常注意上下级之间、团队和团队之间的沟通，要求他的指令可以准确无误地在最短时间内，下达到所有相关员工。一位前苹果员工回忆说："史蒂夫·乔布斯提出的公司战略和决策，每个苹果员工都准确地知道。你可以去问苹果的每一个人，他们都非常清楚，尽管他们中大约 90% 的人可能根本就没有见过史蒂夫·乔布斯。"

为了更有效地决策和执行，史蒂夫·乔布斯还专门在苹果组建了所谓的 Top100 团队。这个团队由大约 100 人构成，包含副总裁级别以上的高管以及史蒂夫·乔布斯亲自遴选出的各部门里的精英。Top100 会议总是定期在极其机密的地方召开，苹果公司内部禁止讨论参会者名单或会议内容，参会者不能自己驾车，必须坐统一安排的大巴参会。通常，会议在海边度假村举行，会议场所必须满足史蒂夫·乔布斯设定的两个条件：有好的食物；没有高尔夫球场。

Top100 会议是史蒂夫·乔布斯部署公司层面战略决策的重要途径。这个会议一方面起到规划公司战略的作用，另一方面也是公司文化建设的方法之一。

通常，在 Top100 会议上，史蒂夫·乔布斯会向这 100 人的核心团队揭秘公司正在研发的最新产品。例如，当年 iPod 在公司内部的第一次亮相就是在 Top100 会议上。但史蒂夫·乔布斯也会在会议上评审和规划每个部门的工作，这会给高层管理者带来非常大的压力。一位苹果前副总裁回忆说："每次开 Top100 会议，总有大约 10 个人战战兢兢，生怕自己被史蒂夫·乔布斯点名批评，而另外 90 个人，则会度过生命中最美好的几天。"

关于 Top100 参会者的选择，史蒂夫·乔布斯说："我的工作是和 Top100 的人打交道。这并不是说，他们都必须是副总裁。他们中的一些人是关键的个人贡献者。于是，当一个新创意出现时，我的一部分工作就是在这 100 个人中推动这个创意。如果我必须重新创业，那这 100 个人就是我一定要带走的人。"

其次，史蒂夫·乔布斯强调，苹果的管理结构中，每个人的职责一定要十分明确。苹果在组织结构和运营秩序上，尽量确保每个关键岗位的人在工作职责上没有模糊、重叠的地方。例如，苹果要求，每次开会时都必须明确列出这次会议的直接责任人，这样，参会的所有人都知道会议由谁负责，最终的决策由谁作出，不容易出现相互推诿、扯皮的现象。

苹果内部不同职责部门之间的分工也非常明确。例如，负责苹果在线商店运营的副总裁，其权限仅限于在线商店的运营，就连在线商店网站上使用什么样的产品图片都无权干预，因为那是图形艺术部门负责的事。类似地，负责专卖店销售的副总裁也无权决定生产和库存计划。在苹果，关键的工作总有明确的、唯一的责任人。

当然，苹果和其他大公司一样，也会有官僚主义，有时也会伤害员工的积极性。有苹果员工评论说:“有时候，一个没有史蒂夫·乔布斯参与的项目可能需要数月时间才有所进展，但只要史蒂夫·乔布斯一声令下，这个项目就会以‘非人’的速度向前推动。”

可是，离开了史蒂夫·乔布斯之后呢?

(1955—2011)

第四篇

颠覆学院式教条与经典

不要被教条所束缚，那就意味着被动地接受别人的思想成果。不要让他人观点的声音压过你自己内心的声音。最重要的是，必须有足够的勇气，按照自己的想法和直觉行事。

当基督教变成了教条，而忽略了以耶稣的方式生活或者从耶稣的角度去观察这个世界时，就已经失去它的精髓了。

最完美，还是最赚钱

按常理，任何一家公司的首要目标应该是赢利，因为若是无法赢利，公司将会无法持续运转，更不要说实现像比尔·盖茨说微软“让每个人的桌子上都有一台电脑”这样高远的目标了。然而史蒂夫·乔布斯却说：“苹果的目标是制造世界上最伟大最完美的产品，而不是成为全球最大或者最富有的公司。”

后来，他又对《华尔街日报》说过与此类似的话：“成为墓地里最富有的人并不是我想要的……晚上入睡前能说‘我们做得很棒’才是重要的。”

在史蒂夫·乔布斯“最完美”的“做得很棒”的领导下，麦金塔很完美，完美得让人觉得它是一件艺术品。史蒂夫·乔布斯也认为麦金塔是一件艺术品。既然是艺术品，就应该在完成后在作品上留下自己的大名，就像史蒂夫·乔布斯在麦金塔的庆功会上所高调宣布的：“艺术家总是在自己的杰作上签名。”事实上，在每台麦金塔的机箱内侧，都可以看到史蒂夫·乔布斯和每位设计成员的签名。史蒂夫·乔布斯和麦金塔部门的其他员工在一张大纸上留下了他们的签名，每位员工签名后，就将这张纸制成图片，然后采用化学方法将这些签名蚀刻在加工麦金塔机箱内侧的工具上。

史蒂夫·乔布斯知道完美是什么，他总能设计出人们想要的产品。但是，追求完美从来都是执行力的大敌，它会延长产品的研发时间，增加产品的成本，延误产品上市的时间。因为过分追求完美而归于失败的产品或者没能面市的产品数不胜数。事实上，史蒂夫·乔布斯也曾因过度追求完美而遭遇失败，没人否认麦金塔是完美的艺术品，但它同样具有艺术品般高昂的价格，这让很多人对完美的麦金塔望而却步。

而他的偏执和完美主义的个性，在很大程度上也是他被自己一手创办的公司踢出家门的重要原因。

但是，当史蒂夫·乔布斯回归苹果后，他似乎并没有打算为此妥协，在他以临时 CEO 的身份参加的第一次高层会议上，他就像是一个居高临下的审判者一样问道："告诉我哪儿出了问题?"不等回答，史蒂夫·乔布斯已经暴跳如雷，声嘶力竭地喊道："是产品，是该死的产品，产品一点也不性感！"

在史蒂夫·乔布斯重掌苹果后，苹果推出的每款产品几乎都遭遇了像麦金塔那样推倒重来的命运。每当新的模型推出后，史蒂夫·乔布斯总是会挑剔地说："还可以再完美一点儿。"《福布斯》杂志资深编辑丹尼尔·莱昂斯所著的《史蒂夫·乔布斯的秘密日记》，生动地描写了史蒂夫·乔布斯这种追求完美的个性：

就这样，我们一遍遍努力着，最终搞出了苹果 iPhone。万事俱备，就等发货了。然而，有一天，我到硬件实验室检查，突然发现躺在工作台上的一块电路板的时候，我说了一句话："你们简直是在开玩笑！我想用的不是这样的电路板！"

就这样，我又回到了静心室。这简直把项目组的工程师都搞晕了，他们向我大倒苦水。不管怎样，这是我的做事方法，也是苹果产品与众不同的原因所在。如果你只想买个大路货，那去买戴尔的产品好了。

然而艺术品可以收藏，时尚消费品却很难持久。尽管麦金塔如同完美的艺术品，但是电脑却没有收藏价值，它是每隔三四年就被淘汰的消耗品，消费者不愿意花大价钱去欣赏苹果的这一临时性的艺术品。这就使复出后的史蒂夫·乔布斯不得不以整合产业链的方式节约生产成本，甚至将部分技术设计都进行外包，如 Mcintosh 率先使用的鼠标，iPhone 所使用的多点触控技术等都来自其他公司；此外，史蒂夫·乔布斯还创造性地根据技术产品周期和价值分配，权衡各种因素，包括价格的变化、产品上市时间和升级的时间等等，在保持完美的前提下，使产品价格上更贴近消费者，使 iPod、iPhone 和 iPad 等产品避免了 Mac 电脑刚上市时的覆辙。

所以，即使苹果公司在创造出高于微软的股票市值，成为一家在世界上数一数二的知名大公司时，总部的规模依然并不太大，除了大片大片的绿化用地外，那几幢房子也依然比较低调。

迎合需求，还是创造市场

经典理论认为，你必须倾听顾客的意见，“顾客是上帝”：任何产品均应以市场需求为基准，只有市场需要的产品才是好产品，才能获得成功，赢得利润——简单说来，我们的产品要迎合市场需求。因而也就有了先进行市场调查后规划产品这样的标准流程。然而，史蒂夫·乔布斯却用他的成功颠覆了这一观念，因为他坚信：你给不了消费者们想要的东西，因为他们不知道自己想要什么。

“如果你问消费者想要什么，然后再提供产品给他们。等你做出来的时候，他们已经想要新的东西了。我们从不做市场调研。我们不招顾问。因为你没法走大街上去问别人，你说，下一件牛叉的事情会是什么？亨利·福特（Henry Ford）曾经有过一句经典语录，对吧？他说：‘如果我当年去问顾客他们想要什么，他们肯定会告诉我‘一匹更快的马’（而不是汽车）。

“我们有很多顾客，我们对自己已拥有的顾客基础做了大量研究。”史蒂夫·乔布斯对《商业周刊》的记者说，“我们还非常小心地关注行业趋势。但最后，由于这一做法将某些事情复杂化了，所以要通过用户小组进行产品设计真的很难。很多时候，人们不知道自己想要什么，直到你将产品展示给他们，他们才弄清楚。”

“我们之所以去做 iTunes，是因为我们都热爱音乐。我们在 iTunes 身上做出了自认为最好的音乐播放器。然后我们又都希望随身携带全部的音乐资料库，而不是因为我们计划去重新定义音乐产业。我的意思是，音乐发行逐步电子化的趋势简直已经白纸黑字地写在那儿了。如果你可以简单地通过电子进行传播，为什么还要多花那些冤枉钱呢？产品团队展开了非常艰辛的工作。它们之所以这么卖命，就是因为我们都需要一个这样的产品。这和流行文化无关，和坑蒙拐骗无关，和说服人们接受一件他们压根儿不需要的东西也无关。我们只是在搞明白我们自己需要什么。而且我认为，我们已经建立了一套良好的思维体系，以确保其他许多人都会需要这么个东西。

“从本质上说，我们只是想做出伟大的产品。”

事实上，在第一台台式电脑 Mac 以及 iPod、iPhone 和 iPad 问世前，没有人知道自己想要这些东西。史蒂夫•乔布斯一再创造出那些人们越来越觉得一旦拥有别无所求的东西，而这却是通过不迎合消费者的已有需求而做到的。这对认为消费文化不可避免意味着迎合常规的观念提出了挑战。

当苹果要推出平板电脑的消息已经很明确时，很多人持怀疑态度。当人们听到那个名字（iPad），它成了微博上的笑料。但是，当人们拿着它使用它的时候，它成了“必不可少的东西”。他们不知道之前没有它是怎么过的。因此，iPad 就成了有史以来发展最快的苹果产品。苹果的成功确实证明了这样一条真理：只要产品本身优秀，即便不考虑利润和市场占有率，它们也会自动找上门来。

从史蒂夫•乔布斯参与发明的 Apple II、Mac 电脑，到 iPod、iPhone 和 iPad 等数字“玩具”；到从史蒂夫•乔布斯作为皮克斯动画制作公司的董事长与首席执行官设计出的在此之前世人从未听说过的“计算机合成图像”技术，并与迪士尼影片公司签署协议，共同研发制作出轰动一时的电脑合成动漫电影《玩具总动员》，到改变音乐商业运作模式的 iTunes 发明。

毫无疑问，史蒂夫•乔布斯不是仅仅创造了勾起消费者欲望、使公司赚钱的诸多产品，创造着市场，甚至还颠覆了全部产业——个人计算机产业、音乐产业、出版产业、好莱坞影视等传统产业的运作模式。

然而，史蒂夫•乔布斯真的不在乎市场反应与需求吗？其实未必。他的耳朵一直没有闲着，只是，他听得更用心，将用户的意见作为一种灵感，而非方向；作为一种手段，而非目的。所以，史蒂夫•乔布斯回归苹果时，为濒临破产的苹果开出了这样一条“药方”——重视客户。“苹果的另一大资源就是用户。全世界大约有 2500 万名苹果电脑用户，他们都是苹果忠实的顾客，其中有些人甚至称得上是世界上最忠实的顾客。如果他们继续购买苹果的产品，他们将是苹果东山再起的坚实基础。”

为此，史蒂夫·乔布斯甚至于把消费者当成共建苹果品牌的成员来看待，给他们提供发挥自己才华的机会，并通过采用苹果用户的建议，来提高他们的忠诚度。

有一次，一个苹果用户写了几个应用程序，邮寄给了史蒂夫·乔布斯。这个编写程序的用户并没有想着要得到多大的回报，这只是他的一个爱好而已。但史蒂夫·乔布斯还是亲自把他请到苹果总部，在苹果的展示大厅里展示了他的程序，然后还请他一起吃了顿午餐。然后，苹果选用了他的一个程序，并付给了他相应的费用。这给这名苹果用户带来了巨大的自豪感，你说，这人能不成为苹果的“铁杆粉丝”？能不向别人竭力推销苹果的产品吗？

春风化雨，还是当头棒喝

当绝大多管理者纷纷认同管理者应当具有亲和力，营造和谐氛围时，史蒂夫·乔布斯却用争吵和大吼来威胁和刺激员工，

让他们时刻感到恐惧，进而激发他们的斗志。

他认为：“我的工作不是对人表现得和蔼可亲。我的工作是让他们做得更好。我的工作是把公司里的各种资源聚拢到一起，清除路障，然后把资源投放到最关键的项目上。我的工作就是把我们手下这些牛人们召集起来然后督促他们让他们做得好上加好。怎么做呢？那就只好采取更为极端的思路。”

因为他发现，对那些同事越是无情打击极尽挖苦，越是能够测试出他们的真实想法和立场。如果史蒂夫·乔布斯说他们的创意是“恶心”“狗屁”之类，得到对方的强烈反击，他便确信那是他们的真诚和激情之作，尤其是在他技术上的悟性和审美力不足的时候。他还发现，苛刻的批评在很多极具才华的工程师和创造型的天才身上都会产生积极的反应——因为在受到批评的刺激后，他们深藏的信心反而进一步加强；而不经刺激，他们自诩的潜能则无法付诸实践。

史蒂夫·乔布斯在苹果从来不从事具体的工作，他不负责设计电路，也不会亲自制作动漫电影，当然更不会自己拍广告。他在团队建立好后，会给他们充足的自由，发挥自己的创造力。而史蒂夫·乔布斯所扮演的角色就是一个“把关人”，他会对他所不满意的一切说不，然后通过威胁、逼迫等手段让他们进行修改，完善。

可是，恰恰是这个暴躁、满嘴粗话、时刻威胁员工的家伙带领苹果成为了世界上最有价值的科技公司，苹果员工对这位

"性格"老板更是尊敬有加。"粗暴、咆哮"俨然已经成为一种领导力，iMac 的半透明包装、iPod 的滚动选歌方式、Mac OS 的完美界面，都是在史蒂夫·乔布斯的咆哮下产生的。史蒂夫·乔布斯到底是怎样"化粗暴为神力"的？苹果那些同样心高气傲、桀骜不驯的员工为什么甘愿忍受史蒂夫·乔布斯的坏脾气？

史蒂夫·乔布斯回归苹果后，他看完苹果员工研发的 Mac OS，控制不住自己的情绪，对下面的员工大吼道："你们就是 Mac OS 的设计人员吗？"当他们怯怯地点头后，史蒂夫·乔布斯用他一贯盛气凌人的口气喊道："真是一群饭桶！"接下来，他把 Mac OS 批得一无是处。

这种情形在苹果的工作中随处可见，史蒂夫·乔布斯的口头禅不离"笨蛋、饭桶、愚蠢、狗屎……"，就像苹果一位元老所描述的："史蒂夫·乔布斯像连珠炮一样骂个不停，说我们浪费公司的时间，只做了些无聊的玩意儿。"与很多公司的人性化管理不同，在苹果，史蒂夫·乔布斯从来不会以赞扬的方式来鼓励员工，而是选择给员工施以高压，通过粗暴式管理让员工时刻处于紧张状态。很多在苹果工作过的员工都受过史蒂夫·乔布斯的恐吓。他们对史蒂夫·乔布斯都有一种恐惧感，甚至不敢和他同乘一部电梯，因为完全有可能没出电梯自己就已经被解雇了。而当他对某位员工不信任时，竟会去偷看员工的电子邮件和聊天记录。

员工称粗暴的史蒂夫·乔布斯为"恐怖分子"或者"地狱老

板”，当史蒂夫·乔布斯被逐出苹果时，苹果员工甚至感到了解脱。苹果员工对他的感情很复杂，一方面希望他离开苹果；另一方面，他们又很尊敬他，担心没有了他，公司不知该怎么办。

在史蒂夫·乔布斯的强压之下，谁会被吓倒呢？那些缺乏自信、缺乏勇气的人肯定会被吓倒，而那些具有高超智慧和坚韧毅力的人，就能在史蒂夫·乔布斯的刁难之中生存，并获得成长。正是这种高标准，让他逼出了员工的潜力，并带领苹果公司一步步走向伟大。

史蒂夫·乔布斯喜欢挑战员工的智慧，他时常向员工提出一些难于回答，富有挑战性的问题。例如，“如果必须削减一半的产品，你会怎么做?”通过这些问题，他了解了数百名苹果公司的员工。一旦了解了这些员工，他就会打破层级关系，直接同这些员工交流。史蒂夫·乔布斯有着出色的记忆力，他可以记住几百个人曾经做过的事，也可以记住他同 300 个员工中任何一人所进行的最近一次谈话与最后一次发电子邮件的内容。从中我们可以发现，做一个富有煽动力的领导并不容易。史蒂夫·乔布斯的强大的煽动力不是凭空而来的，而是建立在他对员工的充分了解，他对每个人性格的准确判断之上的。

许多领导人习惯于用自己的权威震慑手下，让他们踏踏实实办事，永远忠诚地为自己服务。但越出色的人才，越不会轻易向领导屈服，因为，优秀的人都很聪明，他们总是千方百计地想要证明自己并不比领导弱。那么，如何对付这些不知天高地厚的人呢？史蒂夫·乔布斯采取了一个极端的做法，就是拷问细节。史蒂夫·乔布斯是一个非常善于抓住细节的人，他知道哪些细节是最重要的，然后他会全神贯注地把这些细节做到最好。此外，史蒂夫·乔布斯非常精明，不会轻易上当，哪怕极小的瑕疵，都难逃史蒂夫·乔布斯的法眼。在任何情形下，史蒂夫·乔布斯抓住细节的速度比任何人都快。他深知，只有将细节抓好了，事情才不会偏离轨道。

海蒂既是史蒂夫·乔布斯的朋友，也是比尔·盖茨的朋友。在她眼里，两人的领导风格完全不同。海蒂说，如果是盖茨打电话给她，她完全不会害怕，因为比尔把她看成是朋友；而和史蒂夫在一起时，她会有一种随时会被他批评的感觉。与比尔·盖茨的理性风格相比，史蒂夫·乔布斯拥有一种让人又爱又恨的激情气质。史蒂夫·乔布斯那反复无常、暴躁激进的个性，使他被苹果的许多员工和合作伙伴批评为“魔鬼”，但让人不解的是，这种魔鬼作风却又成为吸引别人追随他的一种魅力。

史蒂夫·乔布斯是一位让人恐惧的领导，喜欢采用高压手段鞭策他的员工。他催促和哄骗员工的方式非常强硬，他常常痛骂下属，丝毫不留情面，以便他们更好地完成工作。一天，爱开玩笑的苹果工程师托格纳志尼拿出一个抄袭的程序给同事们看。大家就围在机器旁说说笑笑。这时，史蒂夫·乔布斯进来了，骂人的话像机关枪一样从他嘴里蹦出。他说托格纳志尼他们专做些无聊的事，浪费工作时间。接着，史蒂夫·乔布斯咆哮起来，面若冰霜地要求他们把程序洗掉，各回岗位。大家摒声敛气，不发一言。他们早已了解史蒂夫·乔布斯的脾气。斯坦福大学的社会心理学家德里克·克拉默提出了“了不起的震慑者”一词。史蒂夫·乔布斯正是这样一位了不起的震慑者。这位震慑者不仅仅是靠简单的咆哮、怒骂来激发员工的潜力，而且通过自身的言行举止来产生威慑力。

苹果公司前首席科学家拉里·特斯勒说：“以前我不太明白‘魅力’这个词的准确含义，当遇到史蒂夫·乔布斯后，我恍然大悟。”史蒂夫·乔布斯用恐吓和尊重来管理员工。史蒂夫·乔布斯的作风非常强硬，他讨厌冗长的讨论，或就鸡毛蒜皮的小事争论不休。他希望能迅速解决一个问题，然后立刻转移到下一个问题。虽然当机立断、坚持己见是史蒂夫·乔布斯的一贯风格，但是，如果你对某个问题持有反对意见，又能将你的理由阐释清楚，仍然可以说服史蒂夫·乔布斯收回成命，但你必须顶住压力，敢于与史蒂夫·乔布斯争辩才能做到。因此，做“魔鬼”史蒂夫·乔布斯的员工，必须随时准备应战，不但要对自己的工作了如指掌，还要能言善辩，能够为自己的观点据理力争。

每个领导者都有暴躁专制的一面，关键是能否消除暴躁专制所带来的不良因素，让它发挥最大的效力。一个善于把握强硬度的领导者，既能树立自己的威信，又能促使员工做事高效。

史蒂夫·乔布斯的铁血作风众所周知，就连此前被苹果扫地出门也是因为他太过独裁，甚至凌驾于公司最高总裁之上，统揽公司大到战略路线，小到人员解聘的所有事务。虽然在某种程度上，他的做法确实让人难以接受，但也恰恰是他这样的性格，让他能够驾驭一群自命不凡的精英，带领他们做出世上最完美的产品。很多公司都有自己的精英团队，但为什么唯独苹果能够取得如此出色的成绩？其根本原因就在于苹果拥有一个与众不同的领导人。拥有一批优秀的人才固然重要，但最重要的还是如何来带领这批人，做出比别人更好的东西。一个优秀的领导者不但能驾驭优秀人才，而且能引导这些优秀人才去往正确的地方。要做到这一点，就必须学会独裁，必须懂得如何将众多想法集合起来，做出最完美的方案，并贯彻始终，否则团队的凝聚力会大大下降。各自为政永远无法实现一加一大于二的效果。

史蒂夫·乔布斯在担任皮克斯总裁和 CEO 期间，坚持一星期开一次经理会议。会上，他总是滔滔不绝地大谈他的指示。皮克斯的灵魂人物约翰·拉塞特反对史蒂夫·乔布斯这样做。因为他们每天都在为拍摄电影的事忙碌，而这样的会议妨碍了影片拍摄的进展。最后史蒂夫·乔布斯做了一点让步，但是他仍然坚持每周一次例会，只是把开会时间定在 16–19 点。史蒂夫·乔布斯总是支配着谈话内容，似乎并没有意识到约翰实际上并不需要他的意见。这种想要统御一切的管理风格已经深深渗透在史蒂夫·乔布斯的血液里。不管在生活还是工作中，只想当船长的史蒂夫·乔布斯，只会领导不会服从。

其实，史蒂夫·乔布斯的粗暴式管理源于他对人性的把握。他深知，如果让他们处于安逸状态，就会不思进取，浪费自己的时间。而如果通过“咆哮、威胁、高压”的方式，就会让他们时刻有一种危机感，而这种危机感恰恰是让他们发挥最大能量的催化剂。史蒂夫·乔布斯在谈到团队的管理时说道：“我的工作不是对人表现得和蔼可亲。我的工作就是把我们手下这些‘牛人’召集起来，然后督促他们，让他们做得好上加好。对付‘牛人’有什么招数呢？只能采取更为极端的思路和手段。”

在许多人眼中，史蒂夫·乔布斯总是我行我素，忽冷忽热，胡乱发脾气。但很多时候，史蒂夫·乔布斯的愤怒不是无意，而是有意为之，他就是要通过发怒，来表白自己对一些重要事情的憎恶和看法。在研究苹果公司的专家安德·卡尼看来，史蒂夫·乔布斯深谙人性，他冷静而客观地分析他人性格，会在有必要时恰到好处地发火。有时，他的愤怒只是纯粹的表演而已。例如，为了震慑住其他员工，他会当众痛斥某个下属，适时适度地宣泄情绪。在许多伟大的领袖中，精心设计的愤怒非常常见。

动不动就发肝火、教训人的领导，固然会使部属畏而远之，但是把握好时机的，精心设计的发怒则可以成为一种商业驱动力。当然，只有善于判断他人的性格，才能正确使用这种愤怒。恰到好处的发怒，是一个出色的领导者不可或缺的能力。

当然，并不是所有人都适合这种“咆哮、威胁、高压”的管理方式，史蒂夫·乔布斯也深知这一点，所以，他在面试的时候总是会注意考察面试者的心理承受能力。比如，在面试的时候，他会故意让面试者感到心烦意乱。他会批评面试者之前做的工作是浪费时间，他所做的产品一无是处，还会以轻蔑的口吻故意问："那真是一个没用的产品，你为什么还要从事那项工作呢?"史蒂夫·乔布斯这样做只是想看看他们在面对压力时的表现。如果面试者认同史蒂夫·乔布斯的说法，没有任何回应的话，他不会录用他。而如果面试者没有屈服，对自己曾经做过的工作持有坚定的信念、信仰和自豪感，这样的人心理上就会有一定的抗压能力。

通过面试在苹果工作后，史蒂夫·乔布斯会给他们种种不合理的压力和不可能完成的任务。当面对那些不能完成的任务时，如果员工说这是不可能的，他不可能做到，史蒂夫·乔布斯会说："要是你做不到，我会找其他人。"在史蒂夫·乔布斯的眼里，没有不可能做不到的事情，所以他会毫无顾忌地提出种种苛刻条件。对此，史蒂夫·乔布斯的朋友曾分析说："史蒂夫·乔布斯做事情从来不像我们一样有顾虑，这与他的出身背景和早期的成功经历有关。他不愿受任何东西的束缚，他不知道有些事情是不可能的，他只是做他想要做的事情。"史蒂夫·乔布斯这样毫无顾虑的做法会产生两种后果：一种是员工离职；另一种是他达到目的。而对于离职的员工，史蒂夫·乔布斯当然可以说那并不是他需要的员工。

同时，史蒂夫·乔布斯的咆哮、粗暴并不是简单的辱骂或者人格上的侮辱，事实上，在咆哮的过程中，他会针对每个细节对员工进行粗暴的拷问，比如在辱骂 Mac OS 的设计人员时，史蒂夫·乔布斯提到了 Mac OS 中他讨厌的所有元素，包括打开窗口和文件夹时使用的不同路径，至少有 8 种窗口，他会说“窗口太多，要想办法简化”。他甚至会注意到界面上的滚动条问题。

在这个过程中，员工开始会有“必然被开除”的决心，可是，当他一边骂着一边说出问题所在时，他们就会觉得不会被开除，因为史蒂夫·乔布斯正在试图让他们把产品做得更好，负责设计 Mac OS 的一位负责人说道：“我认为他不会开除我们，因为要是他想的话早就开除了。”

史蒂夫·乔布斯辱骂、粗暴的出发点并不是开除某个人，或者跟某个人过不去，他这样做完全是要把产品做得更好。当 Mac OS 的设计人员研发出新款界面时，史蒂夫·乔布斯看到后非常高兴，并对经过的人员兴奋地说：“你们一定要来看看这个。”

Mac OS 设计人员尽管遭到了史蒂夫·乔布斯的“侮辱”，但是，在这样的“侮辱”中，他们设计出了以后大卖的 Mac OS X，让每个人都更有成就感。

毫无疑问，史蒂夫·乔布斯总是有办法让他们坚信自己在做着世界上最伟大的工作。所以，在这样坚定的目标之下，就算史蒂夫·乔布斯再咆哮、粗暴，他们也会选择忍受。因为一个真正的人才是不可能总是容忍自己处于恐怖统治之下的，他们都希望从“笨蛋”变成“英雄”，就像苹果公司的一位员工所说的：“你盼望自己成为英雄的日子，并努力度过你是笨蛋的艰难日子。”那些具有坚定意志的人，会为了成为“英雄”，而更加勤恳、任劳任怨地工作，与获得金钱和物质奖励相比，他们更想证明自己并不是“笨蛋”，想亲耳听到史蒂夫·乔布斯一句表扬。就像史考利所描述的，史蒂夫·乔布斯会称员工的报告为“一堆狗屎”，他会大骂员工的愚蠢。但是，在骂完之后，员工会回到自己的电脑前，重新写相关报告，“因为他们知道，再次向史蒂夫·乔布斯展示自己的研发成果时，可能还要工作两百多个小时。为了得到史蒂夫·乔布斯的几句肯定，他们愿意工作到筋疲力尽”。因为对于那些从小生活在人们赞叹声中的人才们，面子问题事关重大。

如此来看，史蒂夫·乔布斯的粗暴与咆哮并不是简单的发泄，而是他从禅宗修行中学来的顿悟法门——直指人心，当头棒喝。

保密管理，还是营销噱头

和很多高科技公司一样，苹果也会要求员工进公司的时候签署保密协议，所有项目都使用代号，员工要经过一次又一次刷卡才能进入办公室，办公区安装摄像头。除了这些常规做法之外，在产品保密方面，苹果却做得更为偏执与极端。

以 iPod 为例，苹果的市场总监席勒的儿子是一个 iPod 发烧友，他总是想更先一步知道即将上市的新款 iPod 信息。但是，席勒却不能对儿子说任何关于 iPod 的消息。苹果的员工甚至不能与妻子、男友及父母谈论自己的工作。很多人甚至连公司的名字都不会提及，而仅仅称它为“水果公司”。当 iPod 进入测试阶段后，它却被严密包裹着，iPod 的体积其实很小，但是在测试中却显得很大。即便是史蒂夫·乔布斯在测试 iPod 的内置音响组件效果时，他也很重视保密，他会用黑布包起 iPod，家中无人时，他才会拿出来测试。

而且，苹果的产品都是分开开发的，它们相互之间没有任何联系。程序员为他们从来没见过的产品开发新的程序，电路工程师设计新电源，屏幕专门有人负责，内容也会有专门的团队负责。事实上，通过这样的设计，很多参与产品设计的员工也都是在产品面市的时候才可以看到它的真面目。就像一位曾在苹果担任过四年系统工程师的员工所说的："iPod 推出前，我和同事都没见过它。"可以说，苹果员工对于新产品的惊奇程度不亚于外界。

再比如，在 iPhone 的开发过程中，互联网服务商 Yahoo 和 Google 都参与了合作，但保密工作却做得很好。当 iPhone 开发完成后，合作方也只是早市场几周才看到了 iPhone 的原型机。很多苹果高管甚至是在 iPhone 的发布会上才第一次看到它。

苹果为什么青睐如此偏执的保密方式?

很多人认为苹果采用这种病态的保密方式是史蒂夫·乔布斯强大的控制欲在作祟。其实，这并不是苹果强调保密的根本原因。史蒂夫·乔布斯之所以要千方百计地保密产品，目的只有一个，就是达到最好的营销效果。

在刚开发 iPhone 时，苹果就放出话来，要推出一款新手机。但是，这款手机究竟有什么功能，技术上有哪些强大之处，与市面上的手机有何不同等，苹果却绝口不提。

单单是苹果发布的这一消息，就已经激发了媒体和消费者的好奇心。媒体马上议论起来，他们对苹果发布的信息进行各种预测。这一策略非常成功，在 iPhone 还没有面市之前，苹果一分钱都没花，媒体就已经给 iPhone 大做广告了。就像史蒂夫·乔布斯所说的："我们什么也没做，iPhone 营销项目资金是零。"

从发布研发消息到产品真正面世，需要一个很长的时间段。媒体和消费者对于 iPhone 的关注度会随着时间的流逝而消减。但是，史蒂夫·乔布斯的聪明之处在于，这种保密并不是绝对地保密，他总是会选择时机，透露一点新消息，再次吊起消费者的胃口，从而引起新一波的热潮。

比如史蒂夫·乔布斯会时不时地像代言人一样冒出来，说一下 iPhone 的最新进展。2007 年以前，媒体对于 iPhone 的所有报道只是推测和期待。

2007 年 1 月 9 日，在 Macworld 大会上，iPhone 才首次亮相。但是，史蒂夫·乔布斯只是简单演示了一下 iPhone 的功能，用华丽的语言吹嘘了一番 iPhone，却没有进一步披露 iPhone 的诸多细节。

到了 2007 年 2 月，在奥斯卡颁奖典礼上，出现了 iPhone 广告。广告中同样没有提及 iPhone 的任何细节，只是告诉消费者它将在 6 月上市。

到了 2007 年 3 月，独家销售 iPhone 的 AT&T 已经收到了 100 万封询问 iPhone 各种信息的邮件。据专业人士估算，关于 iPhone 传闻的报道和后续故事的广告价值已经高达 4 亿美元，而苹果的投入几乎为零。

后来，又接二连三地出现 iPhone 原型机丢失事件，代工企业富士康的一名员工甚至因为一部丢失的 iPhone 自杀。事件发生后，人们在质疑苹果的保密文化与富士康的管理方式时，也再次关注到了神秘的 iPhone。尽管这种方式并不在史蒂夫·乔布斯的掌控范围之内。

当苹果通过这种极端保密方式吊足所有人胃口后，终于推出了 iPhone，与此同时，苹果开始在杂志、报纸、广播、电视等媒体上推出大量的相关广告，详细介绍 iPhone 的功能以及细节之处。iPhone 从神秘中现身。这自然会受到人们更广泛的关注与追捧。

苹果这种“绝对保密与选择性泄露”的噱头，只不过是史蒂夫·乔布斯将好莱坞电影营销噱头复制到了苹果产品的营销上罢了。

推销产品，还是推销生活方式

Steve Jobs

史蒂夫·乔布斯推销的从来都不是产品，而是一种文化价值观念、一种生活方式，他用自己狂热的激情让许多人成为苹果的信徒，拥有对苹果产品绝对的忠诚、狂热以及敬仰，坚信苹果是酷的、特立独行的、完美主义的化身，即便它存在缺陷，消费者仍然会掏钱购买，因为在他们看来，买不买苹果产品已经“不是一个理性问题，而是一个信仰问题”。

所以，从最早的麦金塔开始，到现在的平板电脑 iPad 为止，苹果推出的每一款产品都特立独行，展现了属于苹果独有的个性、不羁以及超凡脱俗，苹果迷用到的每款产品都有简约的设计、精细完美的做工以及傻瓜式的使用方式，正因如此，他们才会产生了极大的忠诚感，甚至达到了痴迷的程度。

在每年的 Macworld 大会，都是苹果迷的聚会，每一届会有成千上万的苹果迷不远万里参加这个大会，原因就是他们想亲耳听到史蒂夫·乔布斯“传教”。在 2007 年的 Macworld 大会上，史蒂夫·乔布斯展示了苹果即将推出的 iPhone 手机。他用激动的口吻说，iPhone 是“革命性的移动计算机”，并大声宣称，iPhone 手机将“完全改变电信行业”。“iPhone 手机是一款革命性的、不可思议的产品，比市场上其他任何移动电话整整领先了 5 年。手指是我们与生俱来的终极定点设备，而 iPhone 手机利用他们创造了自鼠标以来最具创新意义的用户接口。”在演讲最后，史蒂夫·乔布斯用煽动性地口气高喊：“我敢与你赌一顿晚餐，你会爱上它的。”

仔细观察苹果产品的广告，它也从来没有在细枝末节上比较与其他产品的技术差别，而总是在宣扬苹果产品代表着一种生活方式。它的用户定位是拥有“令人羡慕的生活方式”的时尚年轻一族。

比如，苹果 1984 年推出的麦金塔广告：广告一开始就响起了变调的音乐，接着传出了沉重的脚步声和令人忐忑的恐怖声响，然后画面上出现了一个接一个剃着光头的人在那里盲目地走着，其中一张大脸（暗指 IBM）正在发表长篇大论。突然，一个身穿红色短裤、白色上衣的年轻女郎拿着一把大锤子闯进了灰暗的画面，在她身后有一群戴着头盔的警察在追赶。最后，她跑到了大厅中央，挥舞着大锤，大屏幕“砰”的一声炸开了，里面散发出了令人炫目的光芒。当他们逐个说“看到光明了”时，一阵清风从这些人身边吹过。广告最后，有一个庄严的声音吟诵道：“1 月 24 日，苹果将推出麦金塔，届时你将看到为什么不同于《1984》那本小说。”

在这则将近一分钟的广告中，始终没有出现麦金塔和任何其他一台计算机的形象，但是它却明白不过地传达了这样一个信息：麦金塔将把那些受巨无霸 IBM 压迫的人们解救出来。

毫无疑问，这是史蒂夫•乔布斯自鸣得意的一则广告。因为这则广告中年轻女郎扮演的角色正如他自己，是一个挑战权威、反叛、大胆的人物。这样可以对人们产生一种价值观的暗示，即苹果产品代表的就是大胆、反对权威、叛逆、不妥协，它并不是给那些循规蹈矩、甘于平庸的人用的产品，而是给那些具有挑战权威的勇气、敢于反叛的人用的产品。这自然会吸引更多“叛逆，反对权威”的年轻人。

史蒂夫·乔布斯回归苹果后，推出了一则名为“Think different（不同凡想）”的电视广告。在这则一分钟的广告中，出现了拳王阿里、摇滚史上的传奇人物鲍勃·迪伦、发明家爱迪生、现代物理学的奠基者爱因斯坦、著名电影导演希区柯克、甲壳虫主唱约翰·列侬、CNN 的创办者泰德·特纳等名人的黑白特写。在播放这些画面时，旁白说道："他们我行我素，桀骜不驯，惹是生非，他们用不同的角度来看待事物，他们既不墨守成规，也不安于现状，你尽可以赞美他们，否定他们，引用他们，质疑他们，颂扬或者诋毁他们，唯独不能漠视他们，因为他们改变了世界，他们让世界向前跨越了一大步。他们被视为疯子，现在却是天才。因为只有疯狂到认为自己能够改变世界的人，才能真正地改变世界。”照片放映结束后，屏幕上出现了“Think different”和苹果的 LOGO。

这则广告的意图再明显不过，苹果已经把自己和用户与那些特别的领袖、艺术家、科学家、思想家等联系在一起，似乎在说，苹果公司因为不同凡“想”，才像那些伟大的人物一样改变了世界。而消费者则可以通过选择苹果电脑，像那些伟大人物一样做到“不同凡想”。

而在 iPod 的广告中，有很多快乐无比、活力四射的人在不停地跳来跳去，只能看到他们的剪影，背后则是色彩斑斓、不停变换的背景。很多人都会注意到，虽然广告的背景在不断变化，但整个广告的中心却是那个白色的 iPod。整个广告没有突出任何技术细节，没有告诉你如何使用 iPod 选歌，如何调整音量，如何让歌曲顺序排放，也没有长篇累牍地介绍 iPod 优于其他播放器的种种特点。

为什么苹果公司研发人员花了那么大力气精心雕刻出的细节，在它的广告里却绝口不提？原因同样是：苹果并不是在卖一个 MP3，他们是在邀请你体验一种“苹果式的生活方式”，邀请你加入享受 iPod 音乐魅力的时尚年轻一族。任何一款 MP3 都能给你带来好听的音乐，但 iPod 却能给你带来一种独一无二的时尚生活方式。

iPod 外观简洁，四四方方的纯色机身，只有几个触摸键。而且使用简单，只要下载、拷贝就可以听歌了，这当然也是人们追求的简单生活的象征。再加上广告效果的渲染，iPod 几乎成为时尚、脱俗生活方式的象征。

史蒂夫·乔布斯为 iPod 赋予的“令人羡慕的年轻人的生活方式”确实让很多人拥有了“iPod 情结”。有一项在美国 100 所高校里做的调查表明，曾经喝啤酒是美国大学生认为最酷的事，但到 2004 年，却改成了拥有一部 iPod。iPod 成为了很多人生活中的必需品，就连古板的布什也被时尚玩物 iPod 成功俘获，而已经八十几岁高龄的英国女王更是 iPod 的粉丝。随着 iPod 的火爆，有分析师甚至预测：“用不了多久，iPod 就会跟 SOHO、DV 一样，成为一个代表全新生活方式与态度的动词。”

正是通过这种种令人向往的生活方式和文化的营销，再加上其所提供的丰富多彩的数字内容，史蒂夫·乔布斯终于使苹果产品真正地成为所有人都梦想得到的一种生活方式和文化的象征。人们当然愿意选它。

用得好才是真的好

Steve Jobs

1979 年在施乐，史蒂夫·乔布斯看到了鼠标、视窗等神奇的图形用户界面技术。从历史角度看，那一次参观无疑左右了 IT 技术在未来十几年的走向。这不仅仅是因为史蒂夫·乔布斯从施乐“偷”走了图形用户界面技术，更是因为，史蒂夫·乔布斯那一天不仅仅看到了一种新的技术，也看到了这种技术背后所代表的“用户友好”的设计思想。

从那以后，史蒂夫·乔布斯在产品设计上的主导思想从来没有偏离过“用户友好”这个主题。设计师将创意提交给史蒂夫·乔布斯审阅时，史蒂夫·乔布斯扮演的角色更像是一个被赋予了决策权的最终用户。凡是用户不会喜欢或者用起来别扭的设计，无论技术有多先进，都会被史蒂夫·乔布斯一板子拍死。

史蒂夫·乔布斯对用户友好的重视是从包装开始的。从

AppleII 时代起，史蒂夫·乔布斯就非常重视苹果电脑的包装。他觉得，用户打开包装箱时，最先看到的是产品包装，这个第一印象，以及用户拆开包装的过程，是教用户学习产品使用的一个非常好的机会。

史蒂夫·乔布斯曾对麦金塔开发团队说："好吧，假如我就是那件产品。当购买者试图把我从包装箱里拿出来并开始使用的时候，会发生什么？想一想吧，第一次使用麦金塔的用户从来没有见过鼠标。那么，当购买者打开电脑的包装，我们包装鼠标的方式能不能直观地告诉用户，鼠标应该这样拿，这样用。类似地，当用户第一次打开麦金塔电脑的时候，电脑上需要显示些什么，来引导用户使用？如果完全没有使用手册，我们的产品设计能不能做到，用户打开包装，就可以使用？"

苹果前副总裁杰伊艾略特回忆说，研发麦金塔的图形用户界面时，有一天，史蒂夫·乔布斯到旧金山一家名叫 Ciao 的餐厅吃饭。侍者刚拿上来菜单，史蒂夫·乔布斯就被菜单上毕加索风格的图示吸引了。就是这个风格！史蒂夫·乔布斯兴奋得像吃了迷幻剂。周一一大早，史蒂夫·乔布斯就赶到公司，给设计师们看 Ciao 风格的菜单，和设计师们一起确定图形用户界面里每一个图标、每一种字体、每一个形状以及每一种颜色的设计。第一代麦金塔图形用户界面的视觉风格就这样被确定了下来。在史蒂夫·乔布斯心里，电脑的界面就要像一份吸引人的菜单那样，既好看，又好用。

终其一生，能让史蒂夫•乔布斯真正佩服的人十分有限。发明宝丽来相机的埃德温•兰德和福特汽车的创始人亨利•福特都有幸成为了这一小批牛人中的一员。宝丽来相机是当年操作最容易，使用最方便的相机；而福特汽车则是用技术实现汽车平民化的经典。虽然史蒂夫•乔布斯追求产品的品位和形象上的完美，但在用户交互上，史蒂夫•乔布斯始终强调，电脑产品都要像宝丽来相机和福特汽车那样简单，易用。

史蒂夫•乔布斯曾在接受记者采访时谈到自己对产品设计的基本想法："设计是个有趣的领域。有些人认为，设计就是产品的外观看上去什么样。但其实，如果细想一下，你会发现设计其实是有关产品如何工作的学问。Mac 电脑的设计不仅仅包含电脑看上去什么样，更主要的还是设计电脑如何工作。"

史蒂夫•乔布斯认为，人的手是上帝最完美的创造。在苹果工作过的一位设计师回忆说，史蒂夫•乔布斯经常盯着自己的一双手发呆。史蒂夫•乔布斯说："手是你身上最常使用的部位，而且，手能够直接听命于大脑。"只要解决好手和电脑相互交互的问题，产品就自然具备了"用户友好"的特点。很多苹果的产品，比如从只有一个按键的鼠标到 iPhone 和 iPad 支持多点触摸的玻璃显示屏，再到最新的 Mac 电脑使用的多点触摸板等，都是对手和电脑关系认真思考的产物。

史蒂夫•乔布斯说："创造力只不过是连接某些东西的能力。如果你问一个有创造力的人，他们如何'创造'某个东西，他们会觉得有点儿委屈，因为他们真的不是在‘创造’东西，他们只是看到了某种东西。因为，他们能够把曾经见过的不同体验连接在一起，然后综合成某种新东西。”

那么，用户在考虑一件产品是否满足需求，是否“用户友好”的时候，通常又是从哪些角度来思考的呢？史蒂夫·乔布斯对记者举了他自己的家庭选购洗衣机的例子。史蒂夫·乔布斯说：

“设计不仅仅是设计好玩的小玩意儿。我的家庭刚刚经历了一次买洗衣烘干机的大讨论。我们发现，美国制造的洗衣烘干机都有问题，欧洲制造要好一些。欧洲洗衣机洗完的衣服留存的洗涤剂更少。最重要的是，欧洲的洗衣机不伤衣服，洗得更干净，使用更少的洗涤剂和更少的水，耗水量只有美国洗衣机的四分之一。但是，为此付出的代价是，欧洲洗衣机洗同样数量的衣服要花更长的时间。我的家庭为此争论了两周，这是一个两难的取舍。是花一个小时就洗完衣服，还是花一个半小时洗得更干净且不伤衣服还更省水呢？最终，我们选择了来自德国的美诺（Miele）洗衣机。这种洗衣机在美国非常贵，因为这里很少有人买。我们在买洗衣机时考虑的问题，其实就是设计师要考虑的问题。”

史考利说：“史蒂夫·乔布斯总是从用户体验到底会怎么样这个角度去看待每一件产品。”

零售店，还是体验馆

史蒂夫·乔布斯不喜欢失去对任何事情的控制，尤其是关系到顾客体验的事情。但是他面临着一个问题，在这个过程中有一个部分他还没有控制到——那就是要让消费者在具有苹果风格的店面里现场体验苹果所提倡的“数字生活方式”。

尽管计算机行业的销售已经从本地的计算机专卖店过渡到了大型连锁商店和量贩店，但是在这些地方，大部分店员既不具备苹果产品的基本知识，也没有意愿去为顾客解释产品的独特性能。史蒂夫·乔布斯说：“所有的销售员都只关心那 50 美元的销售提成。”其他的计算机都很普通，但是苹果计算机有一些创新的功能，价格也更高。他不希望 iMac 被放在戴尔和康柏的旁边，然后不懂行的店员向顾客背诵出每台计算机的配置。“除非有办法在商店里就把我们的理念传达给顾客，否则我们就完蛋了。”

1999 年中后期，史蒂夫·乔布斯开始秘密地面试一些能开发苹果零售店的管理人员。其中一个候选人热爱设计，他就像是天生的零售商一般拥有孩童般的热情——罗恩·约翰逊当时是塔吉特公司负责销售规划的副总裁，主要工作是发布有特色的新产品，比如迈克尔·格雷夫斯设计的茶壶。

当时的史蒂夫非常平易近人，穿着圆领衫和破旧的牛仔裤，开门见山地谈起他为什么想要开零售店——如果苹果想要成功，那一定是通过创新取胜。但如果“你无法把创新之处传达给顾客，你就无法通过创新取胜。”

在约翰逊通过面试之后，史蒂夫·乔布斯约见了他，并考察了各种门店，并探讨苹果需要怎样的零售店，他们最终决定要建立一个以“少”为特色的商店，简约、通透，给人们提供很多试用产品的位置。约翰逊说：“大多数人并不了解苹果产品。他们认为苹果是一个异类。如果你想要转变形象，从异类变成炫酷有趣，那么建立一个能给人们提供试用空间的商店会很有帮助。“商店风格也将沿袭苹果产品的特点：有趣、简单、时髦、有创意，在时尚与令人生畏之间拿捏得刚刚好。”

然后，他们就在库比蒂诺租下了一间空置的库房，秘密建立了一个模拟商店，按照正式的店面进行装潢布置，然后在接下来的6个月里，每周二整个上午史蒂夫·乔布斯和约翰逊都在那里进行头脑风暴会议，一边在里面来回走动，一边完善他们的零售理念。这个商店的性质和艾弗的设计工作室很相似，都是史蒂夫·乔布斯的避风港，史蒂夫·乔布斯用他那可视化的方式通过触摸和观察里面的变化，不断地想出新点子。

有时，他也会让支持他开设零售店的董事德雷克斯勒、拉里·埃里森以及其他可以信赖的伙伴过来看看。

埃里森说："有很多个周末，只要他没有让我看《玩具总动员》里的新场景，他就会让我去库房看模拟商店。他对美学和服务体验的每一个细节都力求完美。搞得我不得不和他说：'史蒂夫，如果你还要我去看那个商店，我就不去找你了。'"当时，史蒂夫明确告知正在为店里的手持结账系统开发软件。他对付款流程的要求：尽可能减少一些不必要的步骤，比如出示信用卡和打印凭条，以保证从进入商店一直贯穿到付款流程，绝对简化。

德雷克斯勒看到接近完工的模拟商店之后，提出了一些批评："空间太琐碎了，还不够干净。还有太多让人分心的建筑结构和色彩。"他强调要让顾客一进入这个零售区域，只需看一眼，就了解这里的流程。史蒂夫·乔布斯同意了他的观点：简约、减少分心的因素，是一家商店成功的关键，并作了一些修正，获得了成功。

2000 年 10 月，就在约翰逊觉得即将大功告成的时候，他在周二例会前的半夜醒来，头脑中冒出一个可怕的想法：他们犯了一些基础性的错误。他们围绕着苹果的主要产品线把商店分成若干个区域：有 Power Mac、iMac、iBook 和 PowerBook，可史蒂夫·乔布斯又开始发展出一个新的概念：使计算机成为你所有数字生活的中枢。换句话说，你的计算机能够处理相机里的视频和照片，或许有一天也能用做音乐播放器来听歌，或者阅读书和杂志。黎明时分，约翰逊计上心头：商店内部不能只按照公司的四款计算机产品线进行划分，还应该考虑到顾客想做什么，比如运行 iMovie 软件，向顾客展示怎么从摄像机中导入文件并编辑。

周一一大早，约翰逊就来到史蒂夫·乔布斯的办公室，告诉他那临时冒出的关于重新组织商店格局的新想法。他早就听说过他的老板经常会口不择言，极力挖苦，这次他才算是真正领教了。史蒂夫·乔布斯爆发了："你知道这个变化有多大吗？"他吼道，"我他妈的为这个商店玩命干了 6 个月，你今天才告诉我全部都要改。"然后他突然安静下来："我累了，我不知道还能不能从零开始设计一间商店。"

约翰逊无语了，史蒂夫·乔布斯也没有再让他开口。在开车去模拟商店的路上，史蒂夫·乔布斯告诉约翰逊，一会儿不要跟他或团队的任何成员说话。于是这 7 分钟的车程里，两人一直保持沉默。当他们抵达时，史蒂夫·乔布斯已经把刚才的信息过了一遍。

"我知道罗恩是对的。"史蒂夫·乔布斯一到会场便作了这样一个令约翰逊惊讶的开场白，"罗恩认为我们错了。他觉得我们不应该按照产品来划分区域，而是应该考虑到顾客的活动。你们知道，他是对的。"随后他决定重新设计布局，即便是把首次展示的时间从原定的 1 月份再拖延三四个月，也必须保证一次成功。

史蒂夫·乔布斯喜欢向人们讲述，他所做的每件漂亮事都曾有过返工的时候。当他觉得不够完美时，就会重来。那天，他对团队也讲了这些故事。他讲到了在制作《玩具总动员》的时候，胡迪这个角色原本是一个令人讨厌的家伙；还有麦金塔的制造过程中也出现过一些问题。他说："如果你发现有些事做得不对，你不能只是忽略它，然后说'以后再处理'，这是其他公司的做法。"

苹果样板店终于在 2001 年 1 月完成了改装工作，史蒂夫·乔布斯首次请董事会前往参观。他先是在白板上向大家讲述了他的设计理念，然后带大家乘面包车前往两英里外的样板店。在了解了史蒂夫·乔布斯和约翰逊建好的商店之后，大家一致批准让项目继续进行。董事会认为，看到苹果零售店将把零售和品牌之间的关系提升到一个新的高度，同时也能确保消费者不会把苹果电脑看成戴尔或康柏那样的大众化商品。

事实上，现在任何一间苹果零售商店里，顾客们都可以在 iMac 电脑上进行视频编辑、音乐制作和数字摄影等操作，也可以从 App Store 里下载自己想使用的任何软件，还可以用 iPod 听歌……他们可以在这里对苹果产品进行各种测试，可以在这里自由地摆弄所有产品，可以在这里玩游戏、聊天、看电影、打游戏，不用花一分钱，就像一位苹果负责零售市场的高管所说的："只要愿意，任何人都可以待上一整天。"

那里的销售人员非常友善，他们乐于回答顾客提出的任何问题。他们不会劝说顾客购买任何一款产品，只会专心教顾客怎么使用苹果电脑，告诉顾客苹果产品同其他产品相比的优势在哪里。

在苹果零售商店里，还专门为消费者提供售后技术支持和实践培训的“天才吧”，免费为客户更快、更便捷解决故障、技术问题和售后服务，或者针对用户的个人需求对机器进行个性化设计，会为他们设计自己喜欢的桌面和字体，还会为他们装上打印机和照相机的驱动装置，设置网络连接。

这些措施使得苹果产品的用户不仅对自己使用的苹果产品“赞叹有加”，同时还会想尽办法、千方百计地把苹果的产品传播给更多人，从而影响其他人的消费倾向。

2011 年，第一批苹果零售店开业 10 年之后，全世界已经有 317 家苹果零售店，无论是在伦敦、东京、悉尼、北京、上海，还是在美国本土，人们都可以在当地最繁华的商业街上看到一座不锈钢立方体的“玻璃盒子”一样的建筑。这座建筑没有名字，只是建筑的顶部有一个闪闪发光的被咬过一口的金属苹果标志。仅 2010 财年苹果零售店的净销售总额就已达到 98 亿美元。虽然零售店为苹果公司贡献的收入仅占 15%，但它们在制造话题和提高品牌认知度等方面作出了间接的贡献，提升了整个公司的业务。

创造发明，还是拿来主义

Steve Jobs

创新，在一般人看来应当是从无到有的创造和发明，而在史蒂夫·乔布斯看来，将别人已有的技术应用到合适的产品上也是一种创新。

尽管史蒂夫·乔布斯总是标榜说“创新是区分领袖和追随者的准则”，也尽管苹果每年都会被各种权威媒体评选为年度创新型公司前三名，如果单以新技术的推出为衡量标准，苹果当然没有任何创新之举，因为苹果公司从来没有发明过任何一项新技术——个人计算机不是苹果发明的，MP3也不是它发明的，至于手机，就更不用说了。但苹果公司却总能后来者居上，把一项现有的技术或者产品推广开来，苹果就是有这个本事——应用创新而非技术创新。

所谓应用创新即是找准市场上一种现有的技术或者产品，在其设计和功能上加以改进。让复杂技术或者产品变得更简单，更容易操作，更有品位。苹果应用创新的出发点并不是拥有更先进的技术，而是以满足消费者的需求为出发点，这也是苹果公司的创新源泉。从某种意义上讲，是苹果将那些令人惊奇的新技术带离了实验室，将它们带入了普通消费者的生活中。

相对于发明创造而言，史蒂夫·乔布斯更热衷于技术应用与整合，使之更完美更简洁更实用，所以他将施乐的 PARC 图形界面技术拿来，进行了巨大的改进，然后又以施乐永远无法实现的方式对这些技术作了进一步完善。比如说，施乐的鼠标有三个按键，结构复杂，每只造价 300 美元，移动不够平滑。史蒂夫·乔布斯在第二次造访施乐 PARC 之后没几天，就找到了一家当地的工业设计公司，告诉该公司的创始人之一迪安·霍维，自己想要一种简单的、只有一个按键的、造价只要 15 美元的鼠标，"而且它要能在塑料面板和我的牛仔裤上正常使用。"霍维答应了。

得到提升的并不仅仅是细节，还有整个概念。施乐 PARC 的鼠标并不能用来在屏幕上拖拽窗口。而苹果工程师们设计出的界面上，用户不仅可以任意拖拽窗口和文件，还可以将它们拖到文件夹中。施乐的系统中，不管是调整窗口的大小还是更改文件的扩展名，用户都必须选择一条指令后才能执行操作。苹果的系统将桌面的概念转化为了虚拟现实，允许用户直接触摸、操作、拖拽和移动文件。

苹果的工程师和设计师每天都受到史蒂夫·乔布斯的鞭策。他们协同工作，完善了桌面概念：添加了漂亮的图标和位于窗口顶端的下拉菜单，以及双击鼠标打开文件和文件夹的功能。

苹果的可视图形界面技术比施乐的更实用更受市场欢迎，在史蒂夫·乔布斯看来，这就是创新。所以，当有人认为苹果公司这是对施乐 PARC 的技术盗窃，史蒂夫·乔布斯骄傲地认为："归根结底，我们只是想尽量了解有史以来最棒的发明，然后将它运用到我们正在做的事情中。毕加索不是说过么：'好的艺术家只是照抄，而伟大的艺术家窃取灵感。'在窃取伟大的灵感这方面，我们一直都是厚颜无耻的。"

看看 iPod 的成功。iPod 并没有为使用者提供更棒的音乐，也没有更长的电池寿命，更没有为使用者节省开支。苹果所做的就是把当时的数码播放器进行了革新性设计，并加入了一些新的技术，使操作变得更加简单，没有复杂的操作程序，只要一个按钮就可以运行，而且有一个很酷很时尚的外形，仅此而已。其实 iPod 也融入创新的纳米技术，才可以让 iPod 的体积如此之小，可史蒂夫·乔布斯并没有在纳米技术上炒作，而是实实在在地让消费者眼见为实。

而在 iPod 诞生前，音乐播放器就已存在，智能手机的诞生也早于 iPhone。其实，这正是苹果的智慧所在，苹果人十分注重搜集科技行业的最佳创意并将其变成自己的东西。苹果还是一个伟大的修理师，它可以改进现有产品的缺点。iPad 就是一个绝佳的例子，很多功能以前都出现过，比尔·盖茨曾于 2001 年展示过一款基于 Windows 的平板电脑，并预言 5 年内将成为一款主导产品。但微软的平板电脑很快就失败了，为什么？

微软没有完全改革台式机的界面，需要使用蹩脚的触控笔来完成所有任务，盖茨也不鼓励开发者开发专门针对平板电脑的应用程序。

史蒂夫·乔布斯和苹果则不同。论操作系统，苹果 iPhone 已经解决了这一问题，而且赢得了满堂彩；论界面，iPhone 的多点触控完全不需要使用触控笔；论应用，网上商店已经让众多开发者乐此不疲。所有这一切，再加上对设计和营销的大量思考造就了这款全世界都想要的平板电脑。至于 iPad 是否真的是一款“新”设备，这真的有关系吗？该产品上市 60 天就已经售出了 200 万台。

所以，创新和拿来其实没有太多的矛盾。很多创新都是在拿来的过程中获得创新，在前人已有成果的基础上的继续创新，微软 DOS 系统是从 IBM 先拿来再创新，视窗系统是在苹果电脑操作平台上的继续创新。苹果自然也没有理由不去用别人的技术再创新，为自己的创新写上新的篇章。

至于如何“创新”，苹果早就做出了榜样：睁大眼睛，去圈子内外搜罗好点子好东西，择其善者，也就是用户需要的，针对其缺陷，适当加以改进和包装，使之成为适销对路的“新”东西。

正如史蒂夫·乔布斯所说的：“苹果的核心优势就是知道如何让复杂的高科技为普罗大众所理解，随着科技日趋复杂，这一点就变得越来越重要。”

术业专攻，还是跨界发展

Steve Jobs

中国有句古话："术业有专攻"，同时又有类似鼓励"跨界发展"的说法："它山之石，可以攻玉"、"功夫在诗外"等等，但是，自古迄今，真正能够在多个领域内作出成就，能文能武，出将入相的人又有几个？所以，"跨界"就成了一个令人神往的词汇，而拥有跨界能力的人会受到人们更多的欢迎和尊重。同时，跨界能产生一种神奇的效力。即便是那些看起来完全不相干的想法和概念，拥有跨界能力的人可以将它们巧妙地嫁接，创造出一种神奇的新东西。比如，一个有能力的跨界者看到了钢琴上的键盘，于是汲取灵感，改装之后用于早期的打字机。随后，经过进一步优化，又有了现在广泛使用的电脑键盘。再比如一个法国园丁为了加固自家花坛发明了混凝土，之后工程师把他们照搬过来修建建筑物。

史蒂夫·乔布斯认为：创意就是将不同的事物联系在一起。如果你问富有创意的人他们是如何做某件事情的话，他们会觉得有点内疚，因为他们并没有真正地去做这些事情，他们只是将自己经历的事物联系在一起，然后加以综合，进而创造出了新的事物。他们能够做到这一点的原因在于同他人相比他们拥有更多的经历，或者他们对自己的经历进行过更多的思考。

不幸的是，我们这一行业中的很多人都没有丰富的经历。因此，他们没有足够的点供自己连接，最终他们只能提出缺少对问题广阔思考的线型解决方案。对人类经历的理解越深入，我们就可以产生越好的设计。

在如今的商业领域，恐怕没有人的跨界能力可以超越史蒂夫·乔布斯。他可以成功跻身多个产业领域——计算机、数字出版、电信、音乐和动画电影。他带领苹果开启了轰轰烈烈的个人计算机时代。他通过 iTunes+iPod 模式，在音乐领域揭起了一场颠覆传统音乐收听方式的革命。一个音乐界的局外人，凭借 iPod 掌握了未来音乐的发展方向。他还误打误撞地收购了皮克斯，之后推出了《玩具总动员》、《海底总动员》等叫好又叫座的动漫电影，取得了非凡的商业成就。凭借皮克斯的成功，史蒂夫·乔布斯在好莱坞变得炙手可热，就像人们所评论的："他现在好像一只骄傲的公鸡。"史蒂夫·乔布斯有资本骄傲，因为他凭借皮克斯摇身一变成为了迪斯尼的最大个人股东。

史蒂夫·乔布斯的个人财富没有比尔·盖茨多，甚至赶不上他的好朋友拉里·埃里森，但他的影响力却无人能及。他同时在多个领域取得了令人瞠目的成功，成为至少四个不同领域的行业领袖或偶像式人物，掌控着这些个行业的未来发展方向。

比如，史蒂夫·乔布斯想要在机器中预装出色的内容，于是工程师迈克尔·霍利（Michael Hawley）开发了一部电子词典。一天，他买了新版的莎士比亚作品集，翻阅时发现自己有位朋友在牛津大学出版社并参与了这本书的出版。这意味着，霍利或许可以拿到他们的排版，而且如果对方同意，就能把这本书存入 NeXT。“于是，我打电话给史蒂夫，他说这主意很棒，我们就一起飞到牛津。”在 1986 年春天的一个美丽的日子，他们在牛津郡中心的出版社大楼见面，史蒂夫·乔布斯提出，一次性支付 2000 美元且每卖出一台电脑支付给出版社 74 美分，以获得牛津版莎士比亚作品集的版权。“这对你们而言就是轻而易举的收入，”史蒂夫·乔布斯表示，“你们将走在潮流的前列，这是别人从来没有做过的事情。”出版社大体上同意了，然后他们一同前往拜伦曾经驻足的小酒馆，喝啤酒玩撞柱游戏。NeXT 电脑还将囊括一部字典、一部百科汇编和一部《牛津引语词典》，这使得 NeXT 电脑成为实现可搜索式电子书概念和数字出版领域的先驱之一。

还有，史蒂夫·乔布斯能将艺术字应用到麦金塔电脑中，能将胶质软糖的外观应用于 iMac 的外壳中。他还总能把他的爱好和工作联系在一起。比如他喜欢鲍勃·迪伦的音乐，为了更便于收听音乐，他推出了 iTunes+iPod 模式。他能把他在皮克斯制作的动画内容放在个人计算机上，他还照搬超市的模式发明了 App Store。

可是，关键的问题是：为什么只有史蒂夫·乔布斯拥有这样惊人的跨界能力？他又是如何拥有这种神奇能力的？

史蒂夫·乔布斯从来不认为拥有这种能力是一件非常困难的事情。他说他之所以拥有这种能力，主要是源于两个方面的因素：其一是他有丰富的经历，可以提供足够多的点供自己连接；其二是他会对自己的经历进行更多的思考，能将自己经历的事情联系在一起，然后加以综合，进而创造出新的事物。

史蒂夫·乔布斯的经历非常丰富，他曾是一个嬉皮士，喜欢听音乐。而当他发现收听音乐的方式令他感到“不爽”时，他就想着要为像他这样的音乐爱好者提供一套完整的解决方案。但是，比尔·盖茨却从来不是一个音乐迷，他没有这样的“糟糕”经历，所以他没有表现出像史蒂夫·乔布斯一样的跨界能力。

当史蒂夫·乔布斯被踢出自己一手创办的苹果公司后，他创办了 NeXT 公司，发布了 NEXTSTEP 3.0 和 NEXTSTEP 486 两个版本的系统。NEXTSTEP 3.0 一面市，人们就意识到它才是市场上最先进的操作程序，不仅操作比 Windows 简单，同时外观更加优美。史蒂夫·乔布斯在夸耀 NEXTSTEP 3.0 时曾说：“在系统软件方面，我们也需要微软产品的替代品。在我看来，唯一可以替代微软的希望就是 NeXT。”

因为 NeXT 在系统软件研发方面的优势，史蒂夫·乔布斯得以重返苹果。当苹果成功收购 NeXT 后，苹果拥有了 NeXT 在系统软件方面的所有优势。当强势的软件和强大的硬件平台相结合时，自然会产生 iMac 这样优秀的个人计算机。而苹果也拥有了在硬件和软件方面强大的跨界优势。

设计师、工程师谁说了算

在许多消费类产品企业中，设计师和工程师之间关系紧张；设计师想要产品美观，工程师需要确保产品满足功能需求。在苹果，史蒂夫·乔布斯将两者都推向了极致，因此设计师和工程师之间的关系更为紧张。

1997 年，他和设计总监乔尼·艾弗共同进行创意决策，他们常常认为，工程师需要克服那种觉得某事做不了的怀疑态度。iMac 和 iPod 的成功，让他们更加坚持自己的理念——了不起的设计能够激发工程师做出超人的壮举。每当工程师表示有些事情做不了时，艾弗和史蒂夫·乔布斯就会逼迫他们努力尝试，通常都成功了。

但偶尔会有些小问题。例如，艾弗认为涂层会削弱自己设计的纯粹性，从而让 iPod Nano 很容易被刮花。但这并没有给苹果公司造成危机。

在设计 iPhone 的时候，艾弗的设计欲望撞上一个不可能被现实扭曲力场改变的物理学基本法则——金属不宜放在天线附近。物理学家迈克尔·法拉第已经证实，电磁波在传播的过程中会绕过金属的表面，而无法穿过金属。因此，用金属外壳包裹手机会造成“法拉第笼”的现象，削弱进出的信号。起初，iPhone 的设计是在底部使用塑料壳；但是，艾弗认为这会破坏设计的完整性，要求全部使用铝质材料。这样的做法成功了，于是，在设计 iPhone 4 时，艾弗要求使用钢圈。钢圈是机身的支撑结构，看上去很圆滑，并部分充当手机天线。

这就有个大问题。要作为天线使用，钢圈必须有一个微小的缝隙。但是，如果用户的手指或汗湿的手掌遮住了这个缝隙，就会造成信号损失。工程师建议在钢圈外部喷上涂层，以防止该问题的出现，但是艾弗认为这会影响拉丝金属的外观。iPhone 团队在各种会议上都向史蒂夫·乔布斯反映了这个问题，但是史蒂夫·乔布斯认为工程师们只是在玩狼来了的把戏。他说，你们能行的。他们也确实做到了。

解决方案近乎完美，但并非完美。iPhone 4 在 2010 年 6 月发布时看起来棒极了，但是问题很快就浮出了水面：如果用户以某种方式拿着手机，尤其是用左手拿着手机时，手掌就会盖住钢圈上的小缝隙，从而导致信号丢失。这种问题发生的概率大概为 1%。可由于史蒂夫·乔布斯要求对未发布的产品进行严格保密，就连那台测试机装的也是假外壳，iPone 4 并没有像大多数电子设备一样进行实用测试。因此，在大众抢购之前，这一缺陷并没有被人发现。

一个普通手机出现一些信号丢失问题根本不会成为新闻；但这是 iPhone 4，是让所有人惊叹的产品。这一故障问题被大家称为“天线门”；7 月初，《消费者报告》进行了一些严格的测试，表示鉴于天线问题，不推荐消费者购买 iPhone 4；此举将“天线门”事件推向高潮。

开始，史蒂夫·乔布斯还不以为然，可在得到 AT&T 收集到信号丢失的统计数据后，史蒂夫·乔布斯意识到，虽然实际情况并没有舆论所声讨的那样夸张，但确实是个问题。于是，他决定查清此事：

“事实都摆在这儿，我们应该做些什么？”

麦肯纳说：“只需摆出事实和数据，不要表现得傲慢狂妄，但要坚定和自信。不要夹着尾巴召开新闻发布会，你应该直接跟他们说，‘手机不完美，我们也不完美。我们是凡人，在尽自己最大的努力做事，而数据在这里。’”

在后来的新闻发布会上，史蒂夫·乔布斯采纳了麦肯纳的意见，没有卑躬屈膝，也没有道歉，只是表示：“我们不完美。手机不完美。我们都知道这一点。但是我们想要让用户满意。”他表示，如果有人不满意，可以退货或者免费获得苹果提供的胶套。结果，iPhone 4 的退货率只有 1.7%，还不到 iPhone 3GS

和大多数其他手机退货率的 1/3。

令人意想不到的是，对于史蒂夫·乔布斯既没卑躬屈膝，也没有责令召回，大多数消费者不仅没有感到震惊，反而认为史蒂夫·乔布斯是对的。而且 iPhone 4 的存货已经售罄，排在等候名单上的人们现在要等上三周时间——之前还只需要两周的时间，居然成了苹果历史上销售最快的产品。

是创新还是时尚

Steve Jobs

麦金塔团队的开发高手安迪赫茨菲尔德在自己写的《苹果往事》中，提到过这么一个故事：赫茨菲尔德刚刚加入麦金塔团队不久，一天吃完晚饭，他像平常一样走回办公室，打算再工作几个小时。刚进办公室，就听见一群人在办公室里热烈讨论。其中，史蒂夫·乔布斯的声音最为洪亮。

“必须与众不同，”史蒂夫·乔布斯大声说道，“必须有别于其他所有电脑。”

赫茨菲尔德发现，史蒂夫·乔布斯正与设计师讨论麦金塔电脑的外观设计。史蒂夫·乔布斯站在门边，身旁放着一台麦金塔的设计原型。此前，杰夫拉斯金想把麦金塔设计成传统的卧式造型，但史蒂夫·乔布斯从来也没喜欢过拉斯金的主意，他坚持要自己主导麦金塔的外观设计。

“我们需要一款经典的设计，”史蒂夫·乔布斯对设计部门的负责人说，“从不过时的那种设计，也许，就像大众的甲壳虫汽车。”

“不，这想法不好。”设计师反驳说，“这款电脑应该是动感、迷人、激情四射的，就像一部法拉利。”

“不，不，不是法拉利。这个想法也不对。”史蒂夫·乔布斯越说越兴奋，显然迷上了用汽车来打比方的讨论方式，“这台电脑应该更像一部保时捷。”

当时，史蒂夫·乔布斯真的有一部保时捷 928。用汽车来比拟电脑设计，这还真是件挺靠谱的事。只要细数一下历代苹果电脑的外观演化，就不难发现，保时捷的影响愈来愈清晰。

最早的 Apple II 有一个别出心裁的塑料外壳。如果拿汽车打比方，Apple II 倒很符合大众当年设计甲壳虫的思路，平民化、灵巧、皮实、有亲和力。但自从 PC 战争败给了微软和 IBM，仅突出平民化和亲和力已不足以让苹果电脑重新崛起。苹果必须另谋出路。

虽然史蒂夫·乔布斯在设计 Macinstosh 时想到了保时捷，但麦金塔的外观还配不上保时捷这个比方。如果史蒂夫·乔布斯心中有一台类似保时捷的电脑，那么，这台电脑就既不能像大众甲壳虫那样通俗、浅易，也不能像法拉利那样性感、拉风。史蒂夫·乔布斯心中“保时捷”级别的电脑，应该既凸显性能、品位和价值，也展现内敛、含蓄、完美和雅致。用这个标准来衡量，第一代麦金塔更像一个保时捷的模型玩具，离成品相距甚远。

到了彩色透明的 iMac 和 iBook 时代，苹果电脑为赢回市场份额又重新拾起了 Apple II 的亲和路线。当然，这一次要比当年的大众甲壳虫风格高端一点点，iMac 和 iBook 至少达到了 MiniCooper 汽车的设计水准。

史蒂夫·乔布斯想要引领潮流，就绝不会满足于一部 Mini-Cooper，他需要的是货真价实的保时捷。

2001 年 1 月，钛合金外观的 PowerBook G4 第一次把保时捷的影子清晰地印在了苹果电脑上。2003 年 6 月，PowerMac G5 更是用全铝合金的银灰色机身为苹果台式机未来 10 年的外观设计定下了科幻色彩浓厚的基调。2006 年 1 月，MacBook Pro 边角流畅的银白色全铝外壳将笔记本电脑的外观设计带到了一个新的高度。2008 年 10 月，苹果在本来已臻完美的全铝外壳设计上再添一笔重彩，新一代 MacBook Pro 拥有了全封闭的一体化铝合金外壳，主机外壳用整块的铝合金铸造，外侧边角没有任何接缝!

让人们体会到的是抚摸一辆真正保时捷时的心动。既不张扬、放纵，也不平淡、媚俗。对这款电脑，“大气”是最合适的形容词。

有史蒂夫·乔布斯关于保时捷风格的战略定位，有艾弗巧夺天工的创意设计，只要有这对儿黄金组合在，夸张点儿说，苹果的工业设计水平永远领先所有竞争对手。

针对苹果为什么能做出 MacBook Air 这样出色的电脑，史蒂夫·乔布斯给出了他自己的解释："没有任何一家其他公司可以做出 MacBook Air，因为没有哪家公司像苹果一样既控制了硬件的设计、制造，也控制了操作系统的研发。操作系统和硬件之间的紧密关联，决定了只有我们才能做出这样完美的产品。"

从某种意义上讲，史蒂夫·乔布斯和艾弗的最大功绩在于，他们用完美设计把苹果电脑打造成了消费电子领域最耀眼的时尚品牌，让人们第一次知道，原来电脑也可以成为潮人们追逐的对象。他们所塑造的苹果品牌，既不像路易威登那样高端，又不像班尼路那样天天用折扣吸引草根人群。史蒂夫·乔布斯和艾弗煞费苦心地在完美、前卫、流行、普及等要素之间，维持着一个最好的平衡点。

史蒂夫·乔布斯说："苹果的 DNA 是为了那些只用简单的喜欢或讨厌来投票的消费者提供消费类产品。我们只想做这个。我们知道，我们的工作要对完整的用户体验负责。如果在这方面没有做到足够好，那一定是我们的失误。道理就是这么简单明了。"

当电子产品成了时尚，苹果才真正拥有了改变世界的力量。

想象力远比知识重要

Steve Jobs

我们从出生起就一直被灌输这样的思想：很多事情我们干不了。很多人的想象力不够，是因为他们对现实的理解告诫他们许多东西只能停留在想象中，无法实现。然而，历史上有成就的思想家、发明家、作家无不具有超凡的想象力，并且敢于将其实现。他们常常因为出格的举动被人耻笑，直到有一天，他们创造出引人惊叹的作品，人们才发现他们的想法原来如此奇妙。

要成为一名出色的创新人才，必须具备一流的想象力，并敢于将其实现。苹果就是靠想象力打下天下的。所有的苹果产品，都是苹果员工用想象力创造出来的东西。史蒂夫·乔布斯拥有无与伦比的想象力，这是上天赐予他的最好的礼物。史蒂夫·乔布斯比一般人幸运之处在于，他是苹果的 CEO，他在公司具有无上的话语权，即使再荒诞不经的想法，史蒂夫·乔布斯都能将其贯彻始终，而且，史蒂夫·乔布斯有足够的感染力，能让精英团队的成员们衷心拥护他的想法，并竭尽全力去尝试。史蒂夫·乔布斯可以天马行空地想象，以后每一个家庭会拥有一台电脑，以后的电脑会变得跟记事本一样薄，以后的电影可以用计算机来制作……这些在当时看来犹如天方夜谭的想法，如果从另一个人口中说出，那么，人们会认为他患了妄想症，然而，当史蒂夫·乔布斯说出这些大胆的想法时，他得到了团队最有力的支持，所以他有生之年得以有机会将这些幻想一一展示给大家看，并将“幻想”一词变为了“创新”。

创新不是与生俱来的天赋，而是一整套可以通过锻炼培养起来的技能。创新家可以从质疑现状中获得启发。当所有人对电脑里装有风扇习以为常时，史蒂夫·乔布斯却提出了不同看法。当时，所有电脑都安装了风扇，噪音很大。史蒂夫·乔布斯却在想如果电脑没有风扇，会发生什么。然后，他坚定地认为Apple II 的电源散热不应该使用风扇了，因为风扇产生的噪音会破坏电脑本身典雅的感觉。他对未来的设想，促使他打破常规，富有创意地设计了计算机的供电系统，从而极大地缩小了Apple II 的体积，同时使计算机不再需要风扇。

那些最激动人心的突破，往往来自于我们对司空见惯的现象提出“为什么”和“如果我们不这样会发生什么”。如果史蒂夫·乔布斯没有提出这样的问题：“为什么在笔记本电脑和智能手机之间，不能有一个中间类型的设备呢？如果我们来造一个怎么样？”那么，iPod 也许根本不会诞生。

想要提出好的问题，就必须保持一种开放的心态，摈弃先入之见。史蒂夫·乔布斯酷爱禅宗，时常通过打坐来专注地思考一件事物。禅宗里有一个非常重要的名词："初心"。就是说要像小孩子一样看待和观察周围的事物，对世界充满好奇和惊喜。一旦以这样的心态观察事物，你就可以跳出固有印象带给你的禁锢，并且打开思维，产生许多新鲜的想法。每次，当史蒂夫·乔布斯看到一件新出炉的产品时，不管设计师在他面前怎样夸耀自己的成果，史蒂夫·乔布斯总会像一个充满好奇心的孩子一样，带着许多疑问去观察这件产品，问出许多为什么，从不人云亦云，亦步亦趋。这正是创新的关键。

换一种思考方式就是换一种方式去感知事物，用新方法思考老问题。苹果体验店的诞生就是史蒂夫·乔布斯换一种思考方式所取得的成果。当初，苹果决定涉足零售市场完全是出于自身迫切的需要。2000 年前后，无论是苹果还是其他品牌，都依靠电器零售商去推销他们的产品。然而，这些电器卖场的员工对苹果产品的特点知之甚少。苹果当时在美国计算机市场中仅占 3%。史蒂夫·乔布斯意识到要抢占市场份额，就必须采取措施改善零售体验。尽管史蒂夫·乔布斯并不熟悉零售领域，但是他下定决心："我们必须换一种思考方式，得创造出新模式。"当时，业界的普遍看法是，零售商就是卖货的。然而，史蒂夫·乔布斯跳出了传统思维的限制，当他在头脑中想象着苹果零售店的模式时，他希望苹果零售店能够像苹果电脑一样，为人们生活带来轻松、便利，让人们生活更加丰富多彩。于是，史蒂夫·乔布斯将苹果专卖店的理念定位在"让生活丰富多彩"上，打破了传统零售业店铺在设计、选址和管理上的模式，建立了能够为顾客提供解决方案的精品店铺。

苹果在零售领域实施了成功的创新，因为史蒂夫·乔布斯跳出了本行业传统的规范去寻找新的灵感。传统的思维方式只能产生传统的想法，如果苹果选择跟随零售行业传统的做法，就不可能创造出苹果专卖店这样新奇的零售体验，不可能创造销售历史上的奇迹。

史蒂夫·乔布斯眼中看到的世界与我们看到的并没有不同，但他对事物的理解和感知却与我们大不一样。换一种方式思考绝非易事，只有强迫自己跳出肉体和精神上的舒适区，从过往的经验桎梏中解放出来，并强迫大脑做出全新的判断，令人赞叹的创意才会源源不断而来。

苹果的 Mac 之所以伟大，正是因为它的创意来源于一群音乐家、诗人、艺术家和历史学家。从其他领域的创新高手那儿偷来创意并应用到你的事业中，是完全可行的。史蒂夫·乔布斯从不以偷窃别人的伟大作品为耻。他常常带领员工去参观博物馆和看展览，希望他们能从设计或建筑方面获得启发。史蒂夫·乔布斯认为，只靠盯住一件东西冥思苦想并不能带来思维上的突破。用不同的创意轰炸大脑，才可以激发创造力。

将一个领域的方式或者方法移植到另一行业或另一领域以解决该领域的问题是跨界者最擅长的事。比如，打字机的发明，其灵感来源于钢琴键盘。同样地，创新者又从钢琴上汲取灵感，经过数次改进，最终发明了被我们广泛使用的电脑键盘。再比如，福瑞斯比烧烤食品公司的金属馅饼盘，是现在随处可见的飞盘的最初模板，你可以看到它们的形状一模一样，甚至连名字都没变。

拥有多样化的体验可以激活创新。史蒂夫·乔布斯的头脑中有太多的联想，以至苹果在计算机设计的方方面面创新不断，包括电源线这样的细枝末节。

也许，在公司或者在家的时候，你曾经被脚下的电源线绊倒过，又或者你曾经将桌上的电器绊下来。谁也不想发生这些倒霉透顶的事。如果我们因为绊到电源线，而将自己的宝贝电脑从桌上绊倒，并重重地砸在地上，那么，电脑里的重要文件很可能就被损坏了。为此，史蒂夫·乔布斯巧妙地设计了“MagSafe”，它是一块连接笔记本和电源线的磁铁，通过这样的装置，史蒂夫·乔布斯轻松地将电源线和电脑进行了分离。从此以后，以上所述的那些令人想了就不舒服的事再也不会发生了。这个创意是史蒂夫·乔布斯从日本人生产的电饭煲上窃取的。电饭煲和计算机这两个风马牛不相及的东西，被史蒂夫·乔布斯联想在了一起。日本人生产的电饭煲多年来一直采用磁铁门闩锁的设计，就是为了防止人们绊倒电源线时，滚烫的电饭煲掉在地上。2006 年，带有 MagSafe 的 MacBook 生产出来后，大小论坛顿时被热情的苹果粉丝铺天盖地的留言占领了。他们觉得这是长久以来见到的最酷、最有创意的概念。这确实不是一个新的发明，但苹果的竞争对手都没有做到联想。所以，最终苹果成了大赢家。

如果你有史蒂夫·乔布斯的头脑，到处都能找到灵感。从小到大，史蒂夫·乔布斯干过的每一件事都可能是他灵感的来源。吃饭、喝茶、运动……史蒂夫·乔布斯从来就没有停止过从这些看似简单的生活事件中窃取宝贵的灵感。当他感觉灵感枯竭，一筹莫展，想要有些新东西产生时，他就会将这些陈年旧事在脑海里过滤一遍，寻找他们和自己电脑的连接点。这些点可以运用到电脑的任何一个细胞，显卡、硬盘、音响……甚至是损害人们眼睛的电脑屏幕上的那些闪动的颗粒。你可以想象一下电脑中那些形式多样的漂亮的艺术字和史蒂夫·乔布斯曾经上过的美术字课程之间的关系。美术字、食品加工机、可以将人绊倒的电源线、电话机……一台完美的计算机其实就是将这些看似不相关的东西整合起来，对史蒂夫·乔布斯来说这并不难。

创新者和头脑僵化者之间最重要的差别就是整合能力。即将不同领域看似无关的问题或想法联系在一起的能力。我们的阅历和知识越丰富，头脑中产生的关联也就越多，新奇的创意也就越多。所以若想真正具有创新思维，就不能只局限于自己的领域，而应该多去看看与自己不同的人，与自己不同的行业是怎么做的。只有拥有了丰富的经历、开阔的眼界，才能打破陈规，不断推陈出新。